지구를 돌보는 정원사들을 위한
오가닉 가든 만들기 안내서

◎ **일러두기**

원서는 "유기농의, 화학비료를 쓰지 않는, 유기체에서 나온, 유기적인"이라는 뜻을 지닌 영어 단어 오가닉organic을 영어 발음 그대로 표기하고 있습니다. 이에 번역서도 동일하게 '오가닉'이라고 표기합니다. 유기有機의 사전적 의미는 "생명을 가지며, 생활 기능이나 생활력을 갖추고 있음", "생물체처럼 전체를 구성하는 각 부분이 서로 밀접하게 관련을 가지고 있음"입니다.

명조체 각주는 저자주, 고딕체 각주는 역자·편집자 주입니다.

본문의 식물 이름은 국가표준식물목록 http://www.nature.go.kr/kpni/SubIndex.do을 기준으로 정리했습니다.

지구를 돌보는
정원사들을 위한 **오가닉 가든 만들기 안내서**

김현정 옮김

히키치 가든 서비스
히키치 도시
히키치 요시하루 지음

목수책방
木水冊房

정원에 나가 보자!

정원은 우리의 생활과 가장 가까운 친숙한 자연이다. 하지만 우리는 이러한 정원이 수많은 가정에서 '골칫거리'로 전락해 버리는 모습을 수없이 목격해 왔다. 일본식 정원이나 영국식 정원이 유행했을 때 부모님 세대가 정성 들여 만든 정원이 (일단 공간을 만들었다는 점은 다행스러운 일이지만) 무엇을 해야 할지 전혀 갈피를 잡지 못하고 방치된 정원이 되곤 한다. 잡초로 뒤덮여 있거나 불필요한 물건을 모아 두는 곳으로 전락하고 마는 것이다.

땅이 좁은 일본에 정원을 만들 공간이 있다는 것은 매우 다행스러운 일이라 생각한다. 이왕이면 그런 공간을 많은 사람이 즐길 수 있었으면 한다. 그러기 위해 필요한 것은 무엇일까. 우선 '관리하기 편해야' 한다. 물을 쓰려고 해도 水場 지면에 설치된 뚜껑을 여닫으며 사용해야 하는 살수전(꼭지에 호스를 꽂은 커플링을 갖춘 수도꼭지)밖에 없고, 뒷마당backyard도 없는 일본에서는 비닐봉지에 담긴 비료나 흙이 정원 한구석에 쌓여 있다. 사용하지 않는 화분도 그대로 방치된다. 화단은 몸을 웅크리지 않으면 관리할 수 없어, 다리나 허리가 약해지면 가드닝은 고역이 된다.

이러한 고충을 해결하면서 집 안과는 다른 개방된 공간으로 정원을 충분히 활용했으면 좋겠다. 이 책에서는 이러한 정원 만드는 방법을 실제 사례와 함께 소개하고자 한다.

정원을 활용해야 할 또 하나의 이유가 있다. 지진 같은 거의 매년 발생하는 재해를 겪으며, 우리는 일상생활에서 '비상상황에 대비해야 한다'는 의식을 가질 수밖에 없게 되었다. 정원 만들기를 생업으로 하는 우리에게도 '빗물 저금통을 설치하고 싶다', '텃밭을 만들고 싶다' 같은 의뢰가 많아지고 있다. 혹시 무슨 일이 생겼을 때, 자신이 기댈 수 있는 것은 정원을 통한 자급자족이나 순환 등 자연의 선물일지도 모른다고 자각한 사람이 많아진 것이 아닐까 싶다.

하지만 정원이 갖는 의미가 이렇게 '사람에게 도움이 되는' 것만은 아니다. 정원은 지구의 일부다. 지구에 최초의 생명이 탄생한 이래, 약 40억 년이라는 세월이 흐르면서 생명은 분화하고 진화를 거듭하면서 다양한 생명권과 자연환경을 형성해 왔다. 그 최초의 생명이 탄생한 기적을 지구상의 모든 생명이 공유하고 있다. 정원의 식물이나 곤충, 작은 새, 그리고 인간도 하나의 동일한 조상으로부터 생명을 이어 오고 있는 것이다. 다양한 생명은 더불어 진화해 왔다. 식물의 잎과 인간의 폐는 함께 진화해 왔기 때문에 이산화탄소와 산소를 서로 주고받을 수 있는 것이다. 길가의 잡초조차 자그마한 잎으로 우리를 위해 산소를 만들어 내고 있다.

다양한 생명과 환경이 유기적으로 연결되어 있기 때문에 생태계가 존재할 수 있다. 정원에서도 유기적 연결을 중요시할 것, 그리고 유기적 연결을 단절시킬 만한 것은 허락하지 말 것, 그것이 바로 '오가닉 가든organic garden'의 기본 조건이라 할 수 있다. 여기에서 말하는 오가닉은 '무농약, 무화학비료', '유기재배'와 같은 의미일 뿐만 아니라 '유기적 연결'이라는 의미도 포함하고 있다.

우리는 평소에 관리하기 편한 정원을 조성해, 지구의 생태계를 보호하는 동시에, 자연의 힘을 빌려 누구나 안심할 수 있고 안전하며 유사시에는 사람이 생명을 이어 가는 데 도움이 되는, 지구환경적인 관점에서 오가닉 가든 디자인을 제안한다는 마음으로 정원을 만들고 있다.

지구는 오랜 시간에 걸쳐 수많은 생명이 둥지를 틀 수 있는 환경을 갖추어 왔다. 지구가 푸르러서 생물이 자라나는 것이 아니라, 생물이 활동하기 때문에 지구가 푸르른 것이다. 다시 말하자면, 모두가 꺼리는 잡초나 균, 곤충은 푸른 지구를 탄생시킨 구성원 중 하나다.

지구는 인간만의 '것'이 아니다. 지구의 목소리에 좀 더 귀 기울여 지구에 부담을 주지 않는 생활 방식을 만들어 나가야 하며, 우리가 이렇게 마음먹으면 지구는 헤아릴 수 없을 만큼 많은 선물을 선사할 것이다.

그렇게 생각해 보면, 정원은 자연의 기적으로 가득 찬, 인간에게 가장 친숙한 곳이다. 그러한 다양성이 존재하는 이용하기 편리한 정원이나 공원이 점점 더 늘어난다면, 사람들의 몸과 마음을 위로해 주고, 기후 조절이나 생태계 보전은 물론, 재해가 닥쳤을 때 피난처가 되고, 지역의 경관도 보존할 수 있다. 이 모든 것이 지구 전체의 환경을 보호하는 일로 이어질 것이다.

이 책 내용은 얼핏 정원 이야기에서 벗어난 것처럼 보일 수도 있다. 이는 우리가 단순히 무농약·무화학비료를 표방하는 오가닉 가든 만들기를 주장하는 것이 아니라, '오가닉이 생활 방식이 되게 하자'는 마음이 담겨 있기 때문일 것이다. 이러한 우리의 마음이 온전히 전달되었으면 한다.

4	들어가는 말
10	오가닉이란
	⊘ 정원을 나만의 안식처로 만들어 보자 … 18
19	당신은 정원에서 무엇을 얻으려 하는가?
29	오가닉 가드너의 정원 삶을 즐기다
	⊘ 클라인가르텐이란? … 34
35	중간 영역 집과 정원을 이어 주다
	⊘ 더 내추럴 스텝 … 43
45	정원 길과 통로 동선을 의식하다
51	식재 경관과 관리가 균형을 이루도록
61	펜스류 얼마나 가릴 것인가
	⊘ '그린 게릴라'와 '게릴라 가드닝' … 73
74	수납 정리하는 장소에서 즐기는 장소로
80	흙에 관하여
97	생명체가 찾아오는 정원

112　순환하는 정원

133　자연에너지 지구의 힘을 빌리다
　　⊘ 보스니아 헤르체고비나의 커뮤니티 가든 … 149

150　불을 즐기는 정원

157　물을 즐기는 정원

173　매일 하는 정원 관리와 변화 정원을 오랫동안 즐기기 위해
　　⊘ '오가닉'한 돈 … 185

186　스몰 가든·베란다

192　생명이 순환하는 정원 정원으로 지역을 활기차게

206　문명의 위기 왜 정원을 만드는 데 오가닉이 중요한가
　　⊘ 퍼머컬처와 전환마을 … 217

218　맺음말
222　참고문헌
229　찾아보기
238　역자 후기

오가닉이란

정원에서 말하는 오가닉이란 어떤 의미일까. 나름대로 세 가지 필요조건을 정리해 보았다. 이를 기초로 유기적 연결을 통해 지속 가능한 사회를 구축해 나갔으면 하는 바람이다.
그 세 가지란 ① 다양성 ② 순환 ③ 지역성이다. 지금은 오가닉을 비롯해, 에코, 지구 친화적인, 로하스LOHAS, Lifestyles of Health and Sustainability(신체적, 정신적 건강은 물론 환경보호, 안전, 미래, 사회적 가치에 중점을 두고 생활하는 사람들의 새로운 라이프스타일) 같은 말이 아무렇지도 않게 사용되고 있는데, 실제로 이런 말을 사용하면서 지구에 부담을 주고 있지 않은가 하는 의문이 들 때가 있다. 이럴 때 이 세 가지 필요조건이 판단 기준 중 하나가 되었으면 한다.

다양성

심층 생태주의deep ecology(인간 중심적 세계관과 생활양식에서 벗어날

곤충이나 개구리의 서식지. 곤충호텔이 있어
주위 생태계가 한층 더 풍요로워진다.

것을 촉구하는, 모든 생명에 고유의 가치가 있다고 생각하는 사상) 연구자이자 환경 활동가 조안나 메이시는 "생명 하나하나는 복잡한 상호 관계의 결절점이자, 우연과 필연이 만들어 낸 복잡한 관계를 의미한다"고 말했다. 그물코처럼 복잡하게 연결되어 있는 자연계는 단순한 '약육강식'의 관계로 설명할 수 없다. 오히려 생태계 피라미드의 정점에 있는 생명체는 수많은 하위 생명체 덕에 삶을 유지한다. 피라미드 하층에 있는 생명체가 타격을 받을 경우, 맨 먼저 피라미드 꼭대기에 있는 생명체가 멸종 위기를 맞는다. 또 모든 생명체는 먹고 먹히는 관계뿐만 아니라 다양한 관계 속에서 살아간다. 나무의 빈 구멍이 여러 생명체의 보금자리가 되거나, 열매를 먹은 새가 씨를 먼 곳까지 운반하거나, 꿀을 빨아 먹은 벌이 꽃가루받이를 돕는 등 지구는 다양한 관계 속에서 존재한다. 다양성이라는 단어에는 생물과 인간, 인간과 인간, 생물과 생물의 관계가 유기적이어야 함은 물론, 이들 모두와 사회의 관계도 유기적이어야 한다는 의미가 포함되어 있다. 즉 유기적이란 일대일 관계가 아닌 여러 생명체나 일이 겹겹이 포개져 형성된 관계를 말하는 것이다. 그러나 복잡하기만 해서는 안 된다. 복잡하면서도 상대적으로 상생하는 관계, 즉 '생명이 순환하는 관계'여야 한다.

오가닉은 단순히 농약이나 화학비료를 사용하지 않는 것이

아니다. 오가닉을 위한 첫걸음으로 농약이나 화학비료를
사용하지 않는 것이 중요하다.

한 종류의 식물만 기르는 단일 재배monoculture는 경제적 효율을
우선시하는 방법이다. 꽃잔디로 뒤덮인 공원이나 각 지역에서
지정한 특화된 식물만 재배하는 것은 단일 재배에 해당한다.
단일 재배는 병충해가 발생하면 모두 괴멸할 수 있으므로
다량의 농약이나 화학비료가 필요하다. 유기적인 다품종
재배를 하면 병충해의 대량 발생이나 이상 기후 같은 위험성을
줄일 수 있다. 당장은 생산성이 저하될 수도 있다. 하지만
앞으로 농약이 원인이 되는 환경오염이나 토양 악화, 건강
피해와 관련된 개인적·사회적 비용이 증가할 것이라는 사실을
생각하면 다양성을 높이는 유기적 방식이 바람직하다. 더구나
한번 파괴된 환경이나 건강은 돈으로도 회복할 수 없다.

왼쪽에서부터 노랑무당벌레의 유충, 번데기, 성충.
노랑무당벌레는 정원에서 흰가루병균을 처리한다.

순환

생명 활동이란 순환하는 것이다. 한 개체의 내부에서는 체액 등이 순환하고, 호흡이나 영양 섭취, 배설 등을 통해 외부와 물질 순환이 이루어진다. 그리고 서식 환경에서는 구름, 비, 강, 해류 등으로 이루어지는 물의 순환, 바람이나 기류로 이루어지는 대기 순환, 풍화나 침식, 퇴적이나 융기같이 오랜 시간에 걸쳐 이루어지는 대지의 순환이 있다. 이러한 순환 안에 생명이 있고 생태계가 있다.

생태계는 생명 활동을 통해 이루어지는 물질의 변용과 순환이라 할 수 있다. 죽음의 정의를 '활동 정지'라 한다면 생태계에 활동 정지란 없다. 한 개체의 생명 활동이 정지되더라도 그 개체를 구성하는 물질의 변용과 순환은 끊임없이 다른 생명 활동으로 이어진다.

이러한 순환이 저해되면 유기적 연결이 파괴된다. 분해되지 않아 흙으로 돌아가지 못하는 화학물질이나 방사성 물질이 이러한 현상을 일으킨다. 화학물질인 살충제, 살균제, 제초제 등 농약의 목적(기능)은 생명 활동을 저지하는 것이다. 안전 기준에 따라 살포되어도 농약의 기능에는 변함이 없다. 일본의 농약 출하량은 이전에 비해 줄었지만, 최근 몇 년간 매년 약 18만 톤(2022년, 농약공업회 자료)이 생산되었다. 이 정도의 농약이 매년 환경 속으로 퍼지고 있다는 의미다.

산림이나 농지, 시가지 등에서 살포된 농약은 생태계에 큰 피해를 주면서 휘발되어 대기에 퍼지거나, 빗물을 통해 지하수에 스며들거나, 하천을 오염시키며 하구에 침전되어 호수나 바다로 흘러간다. 또 오염된 플랑크톤을 먹은 회유어(계절에 따라 일정한 경로로 이동하는 물고기)나 해류를 통해 해양에 퍼져 나간다. 화학물질이나 방사성 물질은 희석되어 사라지지 않는다. 먹이사슬을 통한 생체 농축을 거쳐 해산물이나 비료

화단에 자란 잡초도 생태계의 중요한 일원으로,
잘 키우면 자연미 넘치는 정원을 구성한다.

같은 형태로 인간의 생활권으로 되돌아와 우리 건강을 해친다. 농약 등 화학물질이 신생아나 남극의 펭귄에게서 검출된다는 보고도 있다. 생태계에 일단 화학물질이나 방사성 물질이 들어가면 미래의 생태계까지 해치게 된다.

지역성

일본의 경우 역사적으로 상당수의 종이 외국에서 들어왔기 때문에 모든 식물을 재래종으로 공급하기는 매우 어렵다. 그럼에도 오랜 시간에 걸쳐 일본 환경에 적응해 안정화된 종을 이용하는 것은 중요하다. 최근 원예점에서는 본 적도 없는 식물들이 잘 팔리고 있는데, 일단 이 종들의 야생화가 이루어졌을 때 '침략적인 외래종'으로 기존 생태계를 위협하는 존재가 되지 않을지 항상 확인해야 한다.

일본은 현재 환경청 '생태계 피해 방지 외래종 리스트'에서 큰금계국이나 삼잎국화 등을 긴급 대책 외래종으로 지정하고 있다(한국의 경우 2018년 국립생태원 외래 식물 정밀 조사 결과에서 큰금계국의 유해성은 2등급으로 나타났다. 삼잎국화는 유해성 등급을 받지 않은 식물이다).

F1 교배종(서로 다른 것을 교배해 만든 잡종 1세대), 유전자 변형, 게놈 편집(살아 있는 생물 내 전체 게놈의 일부를 변형하는 것) 등, 새로운 기술이 끊임없이 개발되고 있다. 하지만 적절한 대처를 하지 않으면

결과적으로 재래종(특정 지역의 기후와 풍토에 적응한 종)이나 고정종(하나의 품종으로 정해진 상태의 종)이 그 지역에서 배제될 수도 있다. 오가닉 가든을 만들 때 주의해야 할 점이 있다. 재래종이나 고정종을 보호해야 한다며 순수종이나 순혈종만 고집하면 배외주의, 파시즘이나 전체주의에 빠지기 쉽다는 사실이다. 사실 독일에서 맨 처음 우생학이나 나치 정권을 지지한 세력도 유기농업이나 환경보호를 주장하는 생태학자들이었다. 우리는 이러한 사실을 절대 잊어서는 안 된다.

긴급 대책 외래종인 큰금계국(왼쪽)과 삼잎국화(오른쪽).
사진_이즈미 겐지

정원을 나만의 안식처로 만들어 보자.

대대적으로 손볼 필요 없이 그저 정원에 의자 하나를 놓아 보면 어떨까.

예전에 원예치료 연수를 받으러 캐나다의 고령자 시설을 방문했을 때, 식물에 둘러싸인 후미진 곳 여기저기 안락해 보이는 의자가 놓여 있었다. 다 함께 모일 만한 중앙 광장도 있어 의아한 생각에 물어보았더니, 사람들이 혼자 조용히 시간을 보내고 싶을 때도 있으니 의자를 두게 되었다는 답이 돌아왔다.

사람들과 함께 있는 것도 즐겁지만, 가끔은 혼자만의 시간에 몸을 맡기고 싶을 수도 있다. 정원은 새소리를 듣거나 산들거리는 바람을 맞으며 자신을 해방시킬 수 있는 곳이기도 하다.

그런 곳에서 미래에 대한 불안이나 고민은 잊고 종종 나만의 시간을 가져 보자. 그곳에서 정원과 하나가 되고, 다른 생명체와 하나가 되는 것을 느끼게 될지도 모른다.

당신은 정원에서 무엇을 얻으려 하는가?

사용하기 편리하고 비상시에 도움이 되는 친환경 정원을 만들려면 무엇이 중요할까. 우리는 다음과 같은 여섯 가지 항목에 중점을 둔다.

정원을 만들기 전에

우선 정원을 만들 때 반드시 생각해야 하는 것이 있다. 바로 '시간'이다. 일상에서 나는 얼마나 정원과 함께할 수 있는가, 정원에서 무엇을 할 수 있고 무엇을 하고 싶은가. 정년을 맞이해 매일 정원에 드나들 수 있는 경우와 부부가 모두 일을 하고 있고 어린아이도 있는 경우를 비교해 보면, 똑같이 원예를 좋아한다고 해도 정원을 위해 투자할 수 있는 시간도 정원의 의미도 다를 수밖에 없다.

가드닝 책에 나오는 아름다운 정원은 보통 전문가나 전문가 수준의 가드닝 애호가가 관리하는 정원이다. 만약 시간도

어떤 정원을 만들고 싶은지 생각하기 전에 정원에 투자할 수 있는 노력과 시간을 고려해 보자. 높이화단raised bed 등 범위를 한정한 화단을 만들면 보기에도 좋고 쉽게 관리할 수 있다.

기술도 없는데 그런 느낌이나 분위기를 풍기는 정원을
가꾸려면 감당할 수 없게 된다. 그뿐만 아니라 정원이 부담을
주는 존재가 되어 버릴 수 있다.
실제로 정원에 얼마나 시간을 할애할 수 있는지를 가장
먼저 생각해야 한다. 정원 일을 1순위로 둘 수 있는가? 다른
우선순위가 높은 일이 있고, 정원 일은 2순위나 3순위
관심사인가? 이러한 질문을 염두에 두고 정원에 투자할 수 있는
시간을 생각해 보자.
많은 시간을 투자할 수 없다면 커다란 화단은 부담이 될

한 보육원의 정원. 공간의 상징이 될 만한 나무를 중심으로
두 곳에 흙을 접할 수 있는 영역을 두었다.

것이다. 그렇다면 작은 화단을 만들거나, 늘푸른나무 혹은 여러해살이풀이 중심이 되는 화단을 만들고, 계절을 타는 한해살이풀은 적게 들여놓는다. 잔디정원은 동경의 대상이지만 각오가 필요하다. 보기 좋게 유지하려면 정기적으로 풀을 뽑고 잔디를 깎아야 한다. 그렇게까지 할 수 없다면 잡초를 지피식물로 사용하는 방법도 있다(173쪽 '매일 하는 정원 관리와 변화' 참고). 다만 그냥 내버려 두어서는 안 된다. 1년에 몇 번 풀 길이를 5센티미터 정도로 다듬어 주어야 한다. 나무 덱이나 펜스를 조합해 식재 부분을 적게 남기는 방법 등 여러 방법을 활용하면 한층 더 수월하게 정원 일을 할 수 있다.

오가닉

가족이 정원을 안심하고 안전하게 즐길 수 있게 하고 싶다면 일단 오가닉은 필수다. 정원에서 살충제 등 농약을 사용하면 생태계에 해를 입힐 뿐만 아니라, 인체에도 영향을 준다. 화학 합성 농약은 독성이 있어 신경 작용에 영향을 미치고 알레르기 등을 악화시킬 뿐만 아니라, 화학물질과민증 같은 증세를 유발할 수도 있다. 현재 화학물질과민증 환자가 100만 명 이상이라고 한다. 방향제, 세탁 세제, 유연제 등의 독한 냄새에 고통을 느끼는 사람을 포함하면 그 수는 훨씬

더 늘어날 것이다. 물론 당장은 아무렇지 않을 수 있지만,
화학물질에 계속 노출되면 언제 증세가 나타날지 모른다.
어린아이부터 성인, 노인, 키우는 동물까지 모든 생명체와
더불어 지낼 수 있는 정원을 목표로 한다면 당연히
오가닉이어야 한다.

지속 가능성

지속 가능성이란 '서스테이너블sustainable'을 우리말로 바꾼
것이다. 정원에서 말하는 지속 가능성에는 가능한 한 정원이나
그 지역에서 나오는 물질을 순환시킨다는 의미가 포함된다.
이는 낙엽이나 음식물쓰레기로 퇴비를 만들거나, 빗물을
모아 물 주기에 이용하거나, 정원의 조명 등에 사용할 전원을
태양광이나 풍력으로
공급하면 실천할 수 있다.
무엇보다 불필요한 것은
정원에 들이지 않는 것이
중요하다. 석유 제품이나 화학
처리한 목재 또는 도료 등은
가능한 한 사용하지 않는다.
순환하는 정원은 만일의

정원에서 나온 낙엽을 퇴비로 만들어 정원에 되돌려 준다.
낙엽 퇴비 만드는 방법은 112쪽 참고.

경우를 대비하는 방법이 될 수 있다. 물, 장작, 태양광이나 풍력을 이용한 발전, 태양열 조리기, 텃밭, 퇴비 등 전부는 아니어도 가능한 부분부터 갖추어 두기만 해도 마음이 든든하다.

서바이벌 가든

모든 것을 전기에 의존하는 총전화주택all electric house이 아니라도 가전이나 설비 대부분은 전기를 필요로 한다. 급탕기나 가스난로도 마찬가지다. 하지만 2011년 동일본대지진이 일어났을 때처럼 전력 수요 문제가 생겨 종종 계획 정전 사태가 발생하기도 한다.
이럴 때 가능한 한 전기에 의존하지 않는 생활 방식에 익숙해진다면 피해를 줄일 수 있다. 평소 정원에서 장작이나 목탄, 캠핑용 난로를 이용해 요리하거나, 태양열을 직접 이용해 물을 끓일 수 있는 '서바이벌 가든'에 도전해 보는 것은 어떨까.

유니버설 디자인

유니버설 디자인universal design이란 연령이나 능력, 성별, 국적, 풍습 등과 상관없이 모든 사람이 쉽게 사용할 수 있도록 제작한 용구나 구조물, 시스템을 말한다. 장애가 있는 사람이나 고령자 등이 몸이 불편하다는 이유로 정원 가꾸기를 포기하게 만들고 싶지 않다. 정원뿐만 아니라 사용하기 편리하게 만드는 일은 중요하다. 편리하고 안전하게 정원을 관리할 수 있도록 하면, 누구나 할 수 있고, 누구나 가꾸고 싶은 정원을 만들 수 있다. 관리법에 그다지 제한을 두지 않는다면, 보다 풍부한 상상력을 발휘할 수 있다.

가정에서도 아이들은 점차 성장하고 어른은 나이를 먹어 간다. 정원 역시 시간이 흐르면 관리 방법도 변해 가기 마련이다. 유니버설 디자인을 고려한다면, 집을 찾은 친구나 이웃 주민, 친척 등도 안심하고 즐길 수 있을 것이다.

요즘은 고령자나 아이가 있는 가정에서 발생하는 사고가 증가하고 있다. 정원뿐만 아니라 생활 전체에 유니버설 디자인을 도입하면 보다 안전하게 일상을 보낼 수 있다.

연결

① 자연을 이어 주는 정원

일본의 정원은 자연을 모방해 만든다. 자연이라 하면 숲, 시냇물, 바람 소리 같은 것을 떠올리기 쉬우나, 자연에는 새나 나비, 뱀이나 개구리, 잎을 갉아 먹는 박각시나방, 흙 속 미생물 등도 포함된다. 그런 의미에서 보면 정원에 곤충 한 마리도 들어오지 못하게 하는 것은 부자연스러운 일이다.

곤충이 있어도 괜찮다고 생각해야 진정한 의미에서 자연과 하나가 된 정원이라 할 수 있다.

② 사람과 사람을 연결하는 정원

지역에 커뮤니티 가든이 있으면 여러 세대의 사람들을 모을 수 있다.

이런 정원에는 다양한 사람이 모이기 때문에 오가닉 가든이 되도록 관리하는 것이 중요하다. 알레르기나 화학물질과민증이 있는 사람도 안심하고 정원 가꾸기에 참여할 수 있도록 해야 하기 때문이다.

물론 자연계에 있는 것이 모두 안전하다고는 할 수 없다. 독을 품은 생물이나 식물도 있으니 당연히 위험성이 존재한다. 이러한 것에 관련된 지식이나 경험, 친숙해지는 방법을 배워 가는 것도 중요하다. 지역이 주체가 되어 이러한 자연을 안전하게 즐길 수 있는 방법을 알려 주는 강좌나 워크숍, 이벤트 등을 기획하면 지역 활성화로도 이어진다.

커뮤니티 가든은 좀처럼 흙을 접하기 힘든 도시의 주택단지에 사는 사람들은 물론, 정원 있는 집이 많은 지역에서도 함께 모여 작업하는 즐거움 혹은 성취감을 주고 지역 환경 미화,

↑ 잎을 갉아 먹는 딱정벌레(왼쪽)와 거위벌레(오른쪽).
  한 나무에 두 종류의 곤충이 살고 있다.
↓ 친구들과 함께 곤충호텔을 만드는 모습.

정보 교류 등에 큰 역할을 할 수 있다. 영국의 환경 NGO에서 활동하는 사람이 일본에 왔을 때 해 준 이야기가 있다. 지역에 잘 정비된 공원이나 녹색 주택가를 만들면 그 지역의 자산 가치가 높아진다고 한다. 무엇보다 주변에 푸르른 자연이 있다는 것은 기분 좋은 일이다.

오가닉 가드너의 정원
삶을 즐기다

대장장이 집에 식칼이 없다는 말이 있듯, 우리도 정작 우리 집 정원에는 그리 공을 들이지 않는다. 하지만 여러모로 궁리해서 보기 흉하지 않을 만큼은 손보고 있다.

우리 집 정원

일단 화단은 높이화단 등으로 조성해 면적을 제한한다(20쪽 사진). 식물을 심는 노지도 최소화하고, 꽃이 피는 시기가 긴 것을 심는다. 그리고 정원의 화초 대부분이 숙근초다. 또 화단에는 꽃을 피우는 식물만 심지 않고 늘푸른나무나 낙엽성 관목을 심어 한해살이풀 식재 면적을 줄이고 있다. 그래서 한해살이풀은 1년에 딱 두 번, 각각 포트 10개 정도만 심는다. 이렇게만 해도 눈코 뜰 새 없이 바쁜 나날 속에서 피어나는 꽃이 삶에 활력을 불어넣어 준다.

여러 정원에 가지치기하러 갈 때마다 그곳에 열린 유자나

감을 선물 받기도 하고, 가지치기한 월계수의 잎을 요리에 사용하기도 하고, 미모사나 유칼립투스류는 리스wreath(열매나 잎사귀를 이용해 화관처럼 둥글게 만드는 장식)나 스와그swag(독일어로 '벽장식'이라는 뜻으로 보통 식물 다발을 장식용으로 걸어 둔다)로 이용한다. 이럴 때는 정원이 있어 너무 행복하다는 생각이 든다.

정원 한구석에 한숨을 돌릴 수 있는 장소가 있으면
정원을 바라보는 방법 또한 달라진다.

그뿐만 아니다. 음식물쓰레기나 낙엽을 퇴비함에 넣어 퇴비로 만들어 우리 정원은 물론 일과 관련해 식물을 재배하거나 옮겨 심을 때도 이용하고 있다.

정원에 물을 줄 때는 빗물 저금통을 이용한다. 밤이 되면 태양광 패널로 모은 전기로 정원에 불을 밝힌다.

새들이 번식할 시기가 되면 나무에 걸어 놓은 새집에서 새끼 박새가 자라나는 것을 지저귀는 소리로 느낀다. 우리 집 정원에서 박새가 몇 번이고 보금자리를 떠나는 모습을 지켜보았다. 겨울철 모이통에서 새들의 힘겨루기를 지켜보기도 하고, 난폭한 직박구리에게 내쫓긴 동박새나 박새를 측은해하기도 한다. 또 잎이 진 참빗살나무에 인형 같은 오목눈이가 찾아왔다며 가슴 설레기도 한다.

가끔은 정원에 만든 1.5평 남짓 되는 오두막에서 명상에 잠기거나 차를 음미하기도 한다.

곤충을 좋아하는 우리는 시간 가는 줄 모르고 나비나 거미를 관찰한다. 이렇게 오가닉으로 관리하면 생각하는 것 이상으로 정원이 생명의 보고가 되기 때문에, 아이들과 함께 여름방학 과제로 각자의 정원에서 발견한 곤충의 표본을 만들어 보는 것도 재미있을 것이다.

우리가 그 무엇보다 흠뻑 빠진 일은 바로 들풀을 이용한 화장품 만들기다. 화장수는 삼백초의 하얀 꽃만 따서 알코올에 넣어 원액을 만들고, 정제수로 희석해 사용한다. 크림을 사 본 적이 없고, 쑥에서 오일을 추출해 얼굴에 바른다. 쑥 오일은 상처 치료에도 효과가 있어 바닥나는 일이 없다. 비파나무 잎 추출액도 자주 만들어 사용하는 것 중 하나다. 타박상을 입거나 염증이 생기면 말그대로 만병통치약이 된다. 쑥, 비파, 삼백초 등은 차로 마실 수 있을 뿐만 아니라, 양미역취 등과 섞어 입욕제로 만들어 두면 목욕할 때 활용할 수 있다.

정원에서 '살아간다는 것'을 생각한다

강아지를 키우는 사람들은 정원을 반려견과 즐길 수 있는 도그 런dog run(반려견 야외 놀이터)으로 만들어 달라고 부탁하기도 한다. 아파트에 사는 사람도 베란다나 건물 옥상 등 작은 공간에서 정원을 가꿀 수 있다. 정원에서 아름다운 석양을 바라보고 있으면, 살아 있어서 다행이라는 생각이 들며 삶에 감사하게 된다.

유칼립투스 스와그와 정원에서 딴 허브를 섞어 만든 허브 볼 입욕제.

하루하루 열심히 살다 보면, 자신이 정말로 소중히 여기는 것이 보인다. 살아간다는 것은 이름을 높이기 위해서도, 높은 지위를 얻기 위해서도 아니다. 무슨 일이 있어도 하루하루 살아가는 것이 쌓이다 보면 인생이 된다. 우리는 이러한 것을 잡초나 곤충에게 배웠다. 잡초도 곤충도 자신이 살아가는 생태生態에 따라 그저 충실히 살아갈 뿐, 결코 포기하지 않는다. 정원이 주는 즐거움을 꼽자면 헤아릴 수 없을 만큼 많다. 오늘도 하늘을 올려다보며 깊이 숨을 들이마셔 보자!

잡초도 곤충도 고양이도 인간도
즐겁게 살아갈 수 있는 정원을 만든다.

클라인가르텐이란?

클라인가르텐kleingarten이란 독일어로 '작은 정원'을 의미한다. 말은 그래도 실은 그리 작지 않다. 적당한 면적에 오두막을 지어 주말에는 그곳에 머물며 채소를 심거나 수확할 수 있는 곳이 클라인가르텐이다. 프랑스에서는 potager, 영국에서는 allotment, 덴마크에서는 kolonihave라고 한다.

일본에는 '시민 텃밭'이라 부르는 곳도 있는데, 유럽에 비하면 면적에 커다란 차이가 있다. 게다가 임대 기간이 기껏해야 2~3년이고 추첨제이기 때문에 애써 유기농 토양으로 만들었는데 계약이 끝나 버리기 일쑤라 매우 아깝다.

만약 공터를 빌릴 수 있다면, 꼭 한번 채소 재배에 도전해 보았으면 좋겠다. 이때 자신이 1주일에 어느 정도의 시간을 텃밭에 투자할 수 있는지가 중요하다. 욕심이 앞서 넓은 곳을 빌리는 것은 상관없지만, 주말에 두세 시간밖에 시간을 낼 수 없다면 금세 밭이 잡초로 뒤덮이거나, 식물을 심는 데 시간이 많이 들거나, 수확량이 너무 많아 다 먹지 못하는 등, 여러 문제가 발생한다.

처음부터 오가닉에 너무 집착하지 말고, 지금 농사지으려는 땅이 농약이나 화학비료로 오염되지 않도록 하고 시간을 들여 천천히 유기농을 위한 흙으로 만들어 가면 된다. 이렇게만 해도 환경을 개선할 수 있다.

중간 영역
집과 정원을 이어 주다

정원을 편리하게 사용하려면 우선 쉽게 드나들 수 있도록 해야 한다. 집 안에서 정원으로 나오려 할 때, 툇마루나 덱, 계단이 적절하게 설치되어 있지 않으면 바로 나가기 힘들다. 그렇게 되면 일부러 현관에서 돌아 나가야 해서 정원으로 나가는 것 자체가 귀찮게 느껴지고, 결국 정원이 황폐해진다.
이럴 때 실내와 실외를 연결하는 중간 영역(전이 공간)이 커다란 도움이 된다.

툇마루와 나무 덱

최근에는 일본식 다다미방이 있는 집이 줄어 툇마루가 많이 사라졌지만, 전통식 툇마루는 훌륭한 중간 영역이다. 집 안에서 바로 정원으로 드나들 수 있고, 사람이 오면 부담 없이 걸터앉아 차를 마시면서 이야기를 나누는 간이 접대 공간이 된다. 1950년대 중반에서 1960년대 중반까지는 앞마당에서 커다란 목제 양동이를 이용해 빨래하거나 빨래 건조대를 두기도 했고, 목욕재계하거나 절임을 만들기 위해 매실이나 배추를 말리기도 했다. 물론 아이들의 놀이터가 되기도 하고 개집을 두는 공간이 되기도 했다. 그렇게 넓은 정원이 아니더라도 사용하기 편리한 다목적 공간으로 효과적으로 이용되었다. 이는 아무렇지도 않게 정원을 드나들 수 있는 툇마루가 있어서 가능한 일이었다.

요즘 주택에서도 툇마루를 본 적은 있지만 대개 사용되지 않는다. 그 이유는 알루미늄 섀시 때문이 아닌가 싶다. 알루미늄 섀시로 이루어진 문지방 레일은 바닥 면보다 한 단계 높고 레일 사이의 홈도 깊다. 섀시의 구멍으로 물이 잘 빠져나가게 하려면 어쩔 수 없이 낙차를 만들 수밖에 없다.

그 낙차가 바닥과 툇마루의 단차가 된다. 이는 마치 결계처럼 안과 밖을 구분 짓는다. 실제로 문지방을 넘나들 때는 불편하지 않지만, 겉보기나 기분상 드나드는 데 다소 저항감이 생긴다. 레일을 넘어 계단을 내려가는 동작은 몸에 다소 힘이 들어가는 기분이 들기 때문에 툇마루의 폭이 좁으면(45센티미터 이하), 툇마루로 나올 때 불안정한 느낌이 든다. 다리나 허리가 약해지면 더욱 그렇다.

반면 나무 문지방은 바닥과 같은 높이로, 홈도 얕고 두께도

그다지 두껍지 않아 바닥과 툇마루가 하나로 연결된 것처럼
보여 저항감 없이 드나들 수 있다. 그 결과, 정원을 자주
사용하게 된다. 이렇게 사소한 것이 사용의 편리성을 좌우한다.
알루미늄 섀시의 경우 툇마루 폭을 60센티미터 이상으로 하면,
집 안에서 나올 때 안정감이 있어 쉽게 드나들 수 있다. 그보다
넓게 하면, 툇마루보다 나무 덱 같은 분위기가 난다. 실제로
덱을 툇마루의 연장으로 생각하면 사용하기 편리한 공간이
된다.

기본적으로 난간을 두지 않고 가장자리에 앉을 수 있도록 한다.
그곳에 테이블이나 살수전(수도꼭지)을 만들거나 높이화단 또는
건조대를 함께 두어도 좋다. 덱이 다목적 공간이 되어 정원에
나가는 횟수가 늘어나면, 식물들의 변화를 쉽게 알아챌 수 있다.
타일이나 돌을 깐 테라스에도 또 다른 분위기로 비슷한 다목적
공간을 만들 수 있다.

그다지 넓지 않은 정원의 경우 덱 등의 구조물을 만들면 더
좁게 느껴지지 않을까 생각하기 쉽다. 하지만 공간이 작아도
덱을 효율적으로 사용할 수 있는 공간으로 디자인하면 오히려
정원이 넓어진 듯한 느낌을 줄 수 있다. 넓은 정원이라도
정돈되어 있지 않으면 넓다는 느낌을 받을 수 없다.
나무 덱을 직선적 디자인이 아니라 변화를 준 디자인으로

나무 덱에 설치한 건조대. ↑
나무 덱과 높이화단, 정원 동선을 결합했다. ←
용인 한국민속촌의 전통 한옥 마루. →

설계하면, 정원 전체의 레이아웃에 변화가 생겨 안락한 공간이
된다. 공간 문제 때문에 직선적 디자인으로 만들 수밖에 없는
경우도 있지만, 이럴 때는 모서리를 둥그스름하게 디자인하기만
해도 부드러운 분위기를 연출할 수 있고, 모서리에 몸을 부딪쳐
다치는 일도 없어진다. 특히 어린아이가 있는 가정에서는
이러한 배려가 필요하다.

한국의 사극을 좋아하는 사람이라면 잘 알겠지만, 전통적인
한국 민가에는 마루라는 개방된 공간이 있다. 전통 한옥은
온돌이라는 바닥 난방시설과 두꺼운 흙벽이 있고 개구부가
작아 추운 겨울에 적합하다. 그래서 여름에는 바람이
잘 통하는 그늘진 마루에서 집 안일이나 휴식을 하고, 식사나
손님 접대를 한다. 이렇듯 가장자리가 막힌 지붕이 달린 나무
덱과 같은 마루는 자연스러운 느낌으로 집과 정원을 이어 주는
다목적 공간이었다. 이러한 디자인을 활용해 보는 것도 좋을 것
같다.

봉당封堂**, 선룸, 방풍실**

일본의 오래된 초가집에는 봉당(안방과 건넌방 사이 마루를 놓을 자리에
마루를 놓지 않고 흙바닥을 그대로 둔 곳)이 있었다. 봉당은 외부를
집 안에 들인 공간이다. 집 안에 흙 묻은 발로 들어와 짚을 엮는

일 등을 할 수 있는 작업장으로, 부뚜막이나 개수대, 물동이 등이 있는 부엌 공간이면서 손님을 맞이하는 곳이기도 하다. 봉당도 다목적 중간 영역인 셈이다. 요즘 집에서도 장작 난로를 들여놓은 곳 등에서 봉당을 찾아볼 수 있다. 중간 영역으로는 유용하고 흥미로운 공간이지만, 집을 설계할 때 만들어야 한다. 집을 수리할 때 만들면 대규모 보수 작업이 필요하다.

하지만 현대에는 봉당이 낯설 수도 있다. 전통 민가는 봉당이 있는 것이 당연했기 때문에 봉당에 맞게 생활 방식이 형성되었다. 당시와 같은 생활 방식으로 살아간다면 문제없겠지만, 이미 정착된 일상생활 패턴 속에서 새롭게 봉당을 만들면, 높이가 차이나는 곳을 오르내리거나 신발을 신고 벗는 동선이 지체되어 불편을 느끼게 된다. 가사나 식사 등 일상생활은 마루 위에서 해결하고, 봉당은 외부에 포함된 공간으로 생각해야 편리하게 사용할 수 있을 것이다.

장작 난로를 봉당에 두면 재나 장작 부스러기가 떨어져도 청소하기 쉽다. 바닥 가장자리는 툇마루처럼 걸터앉아 차 등을 마실 수 있는 간이 접대 공간이 된다. 정원 작업복이나 장화, 비옷, 그리고 공예와 관련된 도구 등을 수납하는 공간, 카운터식 소형 작업대, 도구나 채소를 씻거나 칼을 갈 때 사용할 수 있는 작업용 싱크대도 갖추면 편리하다.

지역에 따라서는 봉당이 겨울 추위를 막을 수 없다. 축열 타일이나 석재 등을 깔아 난로의 열을 전달하거나 남쪽으로 유리창을 내 태양열을 모아 두면 된다. 이 경우, 타일이나 석재 밑에 단열층을 만들면 한층 더 효과적이다.

봉당을 단순히 집 안과 정원을 연결하는 중간 영역이 아니라, 다목적으로 즐길 수 있는 공간으로 만들면 자연과 정원 일이 생활의 일부가 될 것이다.

선룸sunroom(일광욕을 위해 벽을 유리로 만든 방)과 방풍실도 봉당과 같이 사용할 수 있다. 보통 선룸은 실내를 확장한 것이지만,

현관 앞 방풍실. 왼쪽은 밖에서, 오른쪽은 집 안에서 본 모습.
유리창 아래를 밀어 열어서 바람이 통하게 할 수 있다.

슬리퍼가 아닌 맨발로 활용할 수 있게 만들면 봉당처럼 안과 밖을 잇는 중간 영역으로 사용할 수 있다.

방풍실은 현관문을 열었을 때 찬 바람이나 눈이 실내로 직접 들어오지 않도록 현관 앞에 두는 공간으로, 추운 지역에서 자주 찾아볼 수 있다. 작은 테이블 등을 두고 간이 접대 공간으로 사용하거나 장작 혹은 등유, 분리 수거를 위한 재활용품과 쓰레기, 일상 생활용품을 보관하는 창고로 사용하면, 봉당처럼 다목적 중간 영역이 된다.

더 내추럴 스텝

스웨덴의 국제 환경 NGO '더 내추럴 스텝The Natural Step'은 배울 점이 많은 단체다. 이 단체는 지구상에서 살아남기 위해 최소한 지켜야 할 규칙으로 '네 가지 시스템 조건'을 내건다. 이러한 조건을 만족시키는 지속 가능한 사회를 목표로 하며, 이케아 등의 대기업을 상대로 컨설팅도 하고 있다.

'네 가지 시스템 조건' 중 첫 번째는 석유, 석탄, 우라늄, 수은 등 지각地殼(지구의 바깥쪽을 차지하는 부분)에서 추출한 물질을 생물권에 계속해서 노출하지 말 것. 종종 "우라늄이나 석유는 자연계에 있는 것인데 왜 나쁘냐?"고 묻는 사람이 있다. 하지만 이러한 것들은 지구가 오랜 시간에 걸쳐 지각에 봉인해 저장한 것이다. 그것을 계속 파내는 것이 과연 자연스러운 일일까?

두 번째로 인공적으로 만든 PCB(폴리염화바이페닐), 농약, 다이옥신 등의 물질을 증가시키지 말 것. 오가닉 가든을 만드는 것은 생물권에 농약을 증가시키지 않고 사회에 기여하는 일이다.

세 번째로 산림 벌채, 토지 난개발, 바다나 호수, 늪에서 행하는 난획 등으로 자연을 물리적으로 훼손하지 말 것.

그리고 무엇보다 중요한 것이 네 번째다. 사람들의 기본적 욕구가 전 세계에서 충족될 것. 즉 국내외를 불문하고 임금이나 노동환경, 인권, 공평성 등을 충분히 배려하고 있는지 살펴보아야 한다는 것이다. 안타깝게도 현대사회는 경제적 효율이 우선시되고 인권은 뒷전으로 밀려 있다. 환경은 훼손되고 사람들 혹은 지역 간 격차나 분단은 확대되고 있다. 이 때문에 발생하는 분쟁이나 전쟁은 대규모 환경 파괴를 불러일으키고 극한의 인권유린을 유발한다.

반대로 말하면, 전 세계에서 인권이 제대로 존중된다면 환경도 평

화도 지킬 수 있다. 인권이 없는 오가닉은 없다. 오가닉이 없는 평화는 없다.

언젠가 내추럴 스텝에 컨설팅을 의뢰한 패스트푸드 기업이 "앞으로 우리 회사가 살아남을 수 있을까요?"라고 물었다고 한다. 내추럴 스텝은 이렇게 대답했다. "어떤 시대라도 간편한 먹을거리가 필요한 사람들은 있겠지요. 하지만 이것과 당신의 기업이 살아남을 수 있을지는 별개의 문제입니다." 시대가 진화하면 간편히 먹고 싶기는 하지만, 첨가물과 농약이 뒤범벅된 음식은 기피하는 사람도 증가할 것이다. 이때 수많은 사람에게 선택받을 수 있는 기업이 될 수 있을지 여부는 그 기업의 이념에 달려 있다.

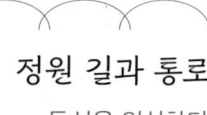

정원 길과 통로
동선을 의식하다

사용하기 편리한 정원을 만들기 위해서는 가장 먼저 동선을
고려하라고 제안하고 싶다. 동선을 고려한다는 것은 한마디로
조닝zoning을 생각해야 한다는 의미다. 이를 소홀히 하면
불편하기 짝이 없는 정원이 되어 버리고 만다.
동선을 고려할 때는 정원 길이나 식재 구역planting zone의 라인이
'기운의 흐름'을 막지 말아야 한다는 점을 기억해야 한다. 즉
기운이 막힘없이 빠져나갈 수 있는 라인으로 만들어야 한다.
우리는 풍수나 방위학 같은 것과는 전혀 상관없이 일하기는
하지만, 평면도상으로 보아 라인의 흐름을 막는다거나 직각으로
교차한다거나 하면 실제로 정원에 섰을 때, 매우 답답한 느낌이
든다.
곰곰이 따져 정원 길이나 현관으로 통하는 통로를 확보하면,
정원 분위기는 그것만으로도 정돈되어 사용하기 편리하다는
느낌을 준다.

다양한 통로. 위 사진은 현관에서 정원을 가로질러 건조장으로 가는 길이다.
아래 사진은 화덕이 있는 중앙 광장에서 현관으로 향하는 길.

소재

정원 길의 소재는 정원 디자인이나 편의성에 따라 선택하면 된다. 강도나 내구성을 중시한다면 콘크리트계 포장이나 인터로킹 블록(보도나 광장 등의 포장에 사용하는 콘크리트제 조합 블록), 자연미를 느낄 수 있는 분위기를 원한다면 벽돌이나 자연석의 돌 붙임이나 마름돌(일정한 크기로 잘라 놓은 돌)을 사용하는 것이 좋다. 부드러운 느낌을 주고 싶다면 징검돌(징검다리를 만들기 위해 놓은 돌), 마사토계 포장(물로 응고시킨 모래 등), 자갈(쇄석 모양으로 된 것이 잘 미끄러지지 않는다), 보다 자연스러운 질감을 원한다면 나무껍질을 잘라 만든 바크, 우드 칩(목재를 작은 조각으로 자른 것), 솔잎 등과 같은 자연 소재를 깔거나 통로 부분의 흙을 조금 쌓아 올려 다지는 등의 방법이 있다.

이는 대충 구분해 놓은 방법으로, 실제로는 디자인, 사용할 소재의 표면 마감, 조합할 다른 소재 등을 고려해 다양한 방법으로 시공할 수 있다.

흙으로 만든 정원 길 정원의 동선

깜짝 놀랄 수도 있겠지만, 최근에는 곧잘 흙을 사용해 정원 길을 만들곤 한다. 오가닉 가든을 만들려면 가능한 한 환경을 해치지 않는 소재를 고르고 공업 제품은 자제해야 한다.

정원을 수리할 때는 될 수 있으면 그때까지 정원에 있었던 것을 사용하도록 한다. 그래서 우리는 정원 길을 흙으로 만들기로 했다.

흙이라면 뭔가를 하지 않아도 저절로 정원 길이 되지 않느냐고 생각할 수도 있겠지만, 그냥 흙만 깐다면 비가 내린 다음 걸으면 신발이 진흙투성이가 되고 만다. 어떻게 해야 물이 잘 빠지도록 할 수 있을까 생각에 생각을 거듭한 결과, 해결책은 전통 방식의 논두렁길에 있다는 사실을 깨닫게 되었다. 핵심은 물 빠짐과 흙막이다.

정원 길은 폭 60센티미터 전후로 하고, 전체를 주변 지면보다

밭 가장자리를 에워싼 흙으로 만든 정원 길.
비가 내려도 양옆에 도랑이 있어 물이 잘 빠진다.

높이 쌓아 올려 가운데를 다소 높고 완만한 반원형으로 만들어
다진다. 양쪽에 폭 15센티미터, 깊이 5센티미터 정도의 도랑을
만들어, 정원 길 쪽 빗물이 바로 빠지도록 한다. 정원 길도 도랑도
잡초가 자라면 뽑지 말고 5센티미터 정도 높이로 베어 준다.
풀로 흙막이를 해서 정원 길이 침식되지 않도록 한다. 그리고
도랑에 고인 물이 식재 구역이나 텃밭으로 스미도록 한다. 물이
잘 빠지지 않는 정원에서는
전체적으로 완만하게
경사를 두어 정원 길 옆
도랑을 따라 빗물이 빠질 수
있도록 하면 된다.

실용성을 고려한다

정원 길을 만들 때는 누가 사용할지도 중요한 문제다. 휠체어를
사용하거나, 지팡이를 짚거나, 장작을 운반하는 손수레가
지나갈 수 있어야 할 수도 있다. 자전거나 유모차를 끌고 다니는
경우도 있다. 바퀴가 달린 것이 지나가려면 노면이 평평하고
매끈한 편이 좋지만, 이런 길은 젖으면 잘 미끄러지기 때문에
주의가 필요하다. 소재나 장소에 따라 다르기도 하지만, 벽돌
등과 같이 이끼가 끼면 쉽게 미끄러지는 소재도 있다.

흙으로 만든 정원 길 단면. 정원 길 한가운데는 높게, 양옆은 낮아지도록 해서
완만한 반원형으로 만든다. 또 양옆에 도랑을 파서 빗물이 흐르도록 한다.
잘 다진 후 잡초가 자라나면 5센티미터 정도의 높이로 베어 준다.

정원 길의 폭도 넓으면 더할 나위 없이 좋겠지만, 정원 전체 공간과의 균형도 고려해야 한다.

정원 길이나 통로에는 잡초를 역으로 이용하는 방법을 생각해 볼 수도 있다. 예전에 잡초로 우거진 정원에 현관에서 정원을 통해 주차장까지 이어지는 통로를 만든 적이 있다. 그러자 예전부터 자라던 보기 흉한 잡초가 생기 찬 식물처럼 보여 깜짝 놀랐던 적이 있다.

계단도 어떤 소재를 쓰느냐에 따라 분위기가 달라진다.

식재
경관과 관리가 균형을 이루도록

우리는 어떨 때 초록이 필요하다는 생각이 들까? 옆집과의 경계가 필요해서, 안이 보이지 않도록 가려야 해서, 바람막이가 필요해서, 그늘이 필요해서, 외관상 초록이 없으면 삭막하게 느껴져서 등 주거 환경으로 녹지를 원하는 이유는 다양하다. 장미나 계절을 느낄 수 있는 꽃이 피는 매실나무, 벚나무 등 눈으로 즐기는 초록이 있다.

자급자족을 위한 초록도 있다. 사람들은 '식용' 목적으로 과일나무를 심거나 텃밭을 만들거나 들풀을 키우기도 한다. 또 '이용' 목적으로 초록을 원하는 경우도 있다. 가령 약초로 사용하는 산야초 같은 풀, 방충이나 화장수 등에 사용하는 식물, 접시나 깔개로 사용하는 엽란이나 파초, 그릇 혹은 식사용 도구cutlery(컵, 물통, 밥솥, 젓가락, 스푼, 포크 등)로 사용할 수 있는 대나무가 이에 해당한다.

그리고 엉덩이를 닦을 수 있는 잎사귀가 있으면 마음이 한층 든든하다. 재해 등으로 수세식 화장실을 사용할 수 없을 때, 정원에 공간이 있으면 구덩이를 파 화장실로 사용할 수 있다(112쪽 '순환하는 정원' 참고).

유지·관리 노하우

하지만 초록을 원하는 가장 큰 이유는 '왠지 모르게' 아닐까? 사람은 본능적으로 푸르른 초록을 필요로 한다. 초록을 보지 못하면 불안해진다. 하지만 '왠지 모르게'이기 때문에 대부분은 나무가 자라나는 것까지는 생각하지 않는다. 크게 자라지 않는 나무를 심고 싶다는 말을 들으면 당황스럽다.
작은키나무, 중간키나무, 큰키나무 등과 같은 분류는 정기적으로 가지치기를 하면 중간키나무로 쉽게 모양을 다듬을 수 있다거나 작은키나무로 감상할 수 있다는 의미일 뿐이고, 나무는 그대로 두면 크게 자란다는 점을 염두에 두었으면 한다.
식물을 좋아하는 사람일수록 "초록이 많았으면 좋겠다"며 원하는 것, 심고 싶은 것을 몽땅 심는다. 그 기분을 모르는 것은 아니지만 숲처럼 가꾸려면 그만한 공간이 필요하다. 집이 다닥다닥 붙어 있는 주택가에서는 낙엽이나 빛日照이 큰 문제가 되는 경우도 자주 찾아볼 수 있다.
식물은 옆으로도, 위로도 자라난다. 그래서 처음에 식물을

심을 때는 자신이 생각했던 것보다 작은 모종을 골라야
활착률을 높일 수 있다. 식물 대부분은 심은 후 3년 정도까지는
그다지 변화를 보이지 않지만, 뿌리를 내리는 4년째 이후부터
키가 급격하게 자라거나 줄기가 커지기 때문에 이를 감안해
처음부터 간격을 두고 심어야 한다. 항상 몇 년 후 자란 모습을
고려해 심는 것이 중요하다.

늘푸른나무인 서양측백 '엘레간티시마' 심기.
'깎기 전정'으로 모양을 쉽게 다듬을 수 있는 침엽수 중 하나다.

또 맨홀 근처나 담장 부근에 가로수가 될 만한 거목 종류를
심으면, 머지않아 뿌리가 그것들을 밀어내 움직이게 된다. 옆집
경계 근처에서 나무가 자라면 옆집에서 가지치기를 해야 하는
경우도 생긴다. 이러한 부분도 고려해 너무 많이 심지 말고,
심을 때 공간에 여유를 두어야 한다.

수종과 장소를 선택하는 방법

남쪽에 낙엽수를 심으라고 권하고 싶다. 이런 나무들은
여름에 나무 그늘을 드리워 집의 온도를 낮추어 준다. 가을에
단풍을 즐길 수도 있게 해 주고, 겨울에는 잎이 지면서 정원에
따스한 햇볕이 쏟아지게 한다. 비파나무처럼 늘푸른나무지만
잎사귀가 큰 나무는 심을 장소를 꼼꼼히 살펴보는 것이 좋다.
늘푸른나무를 남쪽에 심으면 여름에는 괜찮지만, 겨울이 되면
햇빛이 차단되어 집 안까지 한기가 돈다.
그리고 옆집 사이 경계나 도로 쪽에 낙엽수를 심으면, 이웃에서
낙엽 때문에 불만을 호소할 수도 있다. 낙엽이 지는 계절에는
문 앞은 물론 주변까지 청소할 각오를 해야 한다.
요즘 들어 오래된 대저택에나 심을 만한 나무가 거대하게
자라는 바람에 주변의 불만이 많아 벌채했다는 이야기를 많이
듣는다. 당연히 낙엽을 쓸어 모으는 일은 바쁜 현대를 살아가는

사람들에게는 귀찮은 일일지도 모른다. 예전에는 낙엽을 쓸어 모으며 이야기를 나누는 등 나무가 이웃과 의사소통할 수 있는 장을 만들어 주기도 했다. 쓸어 모은 낙엽으로 군고구마를 구워 먹거나 거기서 나온 재를 정원에 뿌리기도 했다. 하지만 최근에는 거리에서 불을 지피는 일을 금지하니 그것도 할 수 없다.

옛날 사람이라고 뭐라 할지도 모르겠지만, 낙엽에도 조금은 관용을 베풀어 주었으면 좋겠다. 초록은 공동 재산이다.

다양한 여러해살이풀 중심의 오가닉 가든.
계절에 따라 여러 식물의 꽃이 핀다.
사진_고타케 사치코

유럽에서는 초록이 많은 지역이 자산 가치가 높다고 한다.
내심 일본도 그렇게 되었으면 하는 바람이다.
우리가 가지치기하는 집에서 대문 앞에 애기동백나무를 심을 것을 보고 크게 놀랐다. 대문 앞에 소나무나 나한송을 심은 곳은 많이 보았지만, 현관문 근처에 애기동백나무를 심은 것은 처음 보았다. 꽃이 피면 애기동백나무가 "어서 오세요"라며 반겨 주는 듯해 설렐 것 같다. 오랜 세월에 걸쳐 조금씩 줄기를 유인해 가꾸었을 애기동백나무. 대문 앞에는 소나무나 나한송을 심는다는 고정관념을 버리고 이런 나무를 심어 보는 것도 좋지 않을까.

화단

정원에는 나무뿐만 아니라 사시사철 꽃이 피는 풀도 심고 싶을 것이다.
원예 관련 잡지에서 자주 소개되는, 입장료를 내야 할 것만 같은 정원에는 꽃을 피운 식물이 촘촘하게 아름답게 배치되어 부러움을 자아낸다. 하지만 이런 정원은 프로 정원사가 몇 명이나 함께해 시즌 중에는 거의 매일 유지·보수 관리를 한다. 정원의 식물이 오랫동안 꽃을 피우게 하려면 마른 잎이나 시든 꽃을 제거하고, 바람이 잘 통하도록 가지도 솎아 내야 한다.

개인정원에서는 이러한 것들을 모두 직접 해야 하기 때문에 매일 몇 시간이나 투자할 각오를 하지 않으면 그런 정원은 가꿀 수 없다.

하지만 《무농약으로 장미 정원 가꾸기》의 저자 고라케 사치코 씨는 야마나시현에서 200평이나 되는 부지에 꿈같이 아름다운 오가닉 가든을 가꾸었다. 여러해살이풀을 중심으로 한 이 정원에서는 심은 식물들이 자연스럽게 퍼지거나 이동하며, 서로 타협하고 공생하면서 아름다운 풍경을 연출한다. 고라케 씨는 이렇게 말한다. "들풀이나 들새, 곤충, 미생물 등의 생명체 모두가 정원사 같은 역할을 하기 때문에 200평이나 되는 정원이지만, 저 혼자 관리할 수 있습니다. 오가닉 가든으로 가꾼다면 비료나 농약 구입 비용이 들지 않고, 이것들을 살포하는 수고도 필요 없습니다. 그래서 '오가닉은 참 편하다'라는 생각이 들었습니다." 그의 정원은 '오가닉 가드닝'의 묘미를 제대로 보여 준다.

정원에 몰두하지 않는 한, 꼴사납지 않을 정도로만 유지하고, 계절 꽃을 다소 즐길 수 있으면 만족한다고 생각하면 된다. 그렇다면 화단을 너무 크게 만들지 말고, 스스로 관리할 수 있는 범위 내로 조성해 나머지는 잡초를 지피식물로 이용하는 것이 편할 수도 있다.

또 주택지 등에서는 세 방면이 건물로 둘러싸여 있는 경우도 많다. 햇빛도 바람도 잘 들지 않아 무엇을 심든 잘 자라지 않는다는 이야기도 많이 듣는다.

이런 경우에는 높이화단을 활용하는 것이 좋다. 높이화단은 나무나 블록, 벽돌을 쌓아 에워싼 안쪽에 흙을 넣어 만든 조립식 화단이다. 일반적인 화단보다 높아 바람이나 햇빛이 더 잘 든다. 그리고 허리를 구부리고 작업할 필요도 없어 허리나 무릎에 가해지는 부담도 줄일 수 있고, 아래쪽을 평평하게 만들면 휠체어를 탄 채 밭을 가꿀 수 있다. 그뿐만 아니라 식물을 가까운 곳에서 관찰할 수 있기 때문에 병해충도 빨리 발견할 수 있다. 빨리 발견하면 손으로 제거하는 등 물리적인 방제만 해도 되므로 농약에 의존하지 않는 정원을 가꿀 수 있다.

높이는 40센티미터 정도로 만들면 가장자리에 앉아 작업할 수 있고, 70센티미터 정도라면 서서 작업할 수 있다. 그리고 창과 그리 멀지 않은 곳에 만들면 집 안에서 계절 꽃을 감상하는 즐거움을 누릴 수 있다.

정원 리모델링 의뢰 중 대다수를 차지하는 것이 일본식 정원에서 커다란 돌을 어떻게 할지 고민이라는 것이다. 돌은 설치할 때 비용이 많이 드는데, 처분할 때도 비용이 든다.

게다가 돌의 반 정도는 흙 속에 파묻혀 있는 경우가 많아
파내는 일도 만만치 않다. 그렇다면 파내거나 옮기기 힘든 돌은
그대로 두고, 새로운 돌을 더해 암석정원으로 만드는 것도
하나의 방법이다.

나선형 화단도 있다. 완만한 나선 모양의 낮은 산을 만들어
돌로 흙막이를 해 주는 화단이다. 이 화단은 꼭대기에 물을
뿌리면 물이 서서히 아래로 스며들기 때문에 적은 양의 물을
효율적으로 공급할 수 있다.

높이화단은 바람과 햇빛이 잘 들게 할 수 있고
실내에서 화초를 감상하기에도 좋다.

옛날부터 저장 식품을 만들어 팔던 집에 커다란 절임 돌이 100개 넘게 있어 어떻게 처분해야 할지 난감하다는 분이 있었다. 그래서 우리는 땅을 파내 높이 차이가 나는 대형 더블 나선형 화단을 만들어 주었는데, 주인이 정원의 상징이 되었다며 매우 만족해했다.

더블 나선형 화단. 앞쪽을 볼록하게 만들어 효율적으로 물을 줄 수 있게 하고, 안쪽을 오목하게 만들어 비가 내릴 때 스며들게 한다.

펜스류
얼마나 가릴 것인가

펜스의 목적은 방범, 차폐, 방풍 등이다. 여기에 정원 도구, 장작, 스노타이어 등을 넣는 수납을 위한 좁은 공간을 만들어 사용할 수도 있다.

소재 선택

지금은 알루미늄 펜스가 주류를 이룬다. 기본적으로 구조가 손상되는 부식 현상이 발생하지 않아 내구성은 높지만, 빛 바램이나 먼지 때문에 생기는 변화는 피할 수 없다. 최근에는 플라스틱으로 만든 울타리도 사용한다. 부패하지 않아 내구성은 높지만, 빛 바램이나 먼지 때문에 손상되는 것은 마찬가지다.
이러한 공업 제품은 처음 사용할 때만 보기 좋고, 시간이 지나면서 손상되어 흉물스럽게 변해 버린다.
알루미늄의 경우 원료인 보크사이트는 유한하고, 정련 작업을 할 때 대량의 전력을 소비한다. 재활용은 정련 작업을 할 때 3퍼센트의 전력만으로도 가능하지만, 총체적으로 환경 부하가 크다. 플라스틱은 원료(주원료는 석유를 기반으로 한 화학원료다)가 화석연료로 일부 재활용되기는 하지만, 폐기 처분하는 양도 많고 친환경이지 않다. 특히 미세 플라스틱이 생태계나 인체에 미치는 영향이 전 세계적으로 문제가 되고 있다.

반면 나무나 대나무 같은 자연 소재는 처음 사용할 때도 보기 좋을 뿐만 아니라, 세월이 흐르며 색이 바래도 주변 환경과 조화를 이루어 정원 전체에 안정감을 준다. 알루미늄이나 플라스틱 제품에 비하면 내구성은 떨어지지만, 흙으로 순환되는 소재라는 점에 있어서는 그 무엇과도 비교할 수 없다. 내구성이 떨어져 정기적으로 교체해야 하기 때문에 목재나 대나무에 대한 수요가 발생해 삼림이나 대나무 숲의 순환과 재생도 활발하게 이루어진다. 예전에는 이러한 방식으로 삼림이나 대나무 숲이 유지되었다. 목재용 실외 도료도 자연 소재로 이루어진 질 좋은 제품이 나오고 있다. 또 열처리 등을 해서 내구성을 높인 목재 제품도 있다.

물론 수목을 이용한 생울타리도 훌륭한 가림막이 된다.

생울타리 나무 펜스

자연 소재에 관해 좀 더 자세히 알아보자. 예를 들어 생울타리 같은 경우에는 깔끔하게 유지하려면 연간 최소 두 번 정도는 가지치기할 필요가 있다. 생울타리가 낮고 짧으면 좋지만, 높거나 길면 상당한 노력이 필요하다. 그리고 옆집과 너무 가까운 곳에 생울타리를 만들면 다음에 손질할 때 너무 힘들다. 옆집과 사이가 좋으면 잠깐 양해를 구하고 가지치기를 해 달라고 할 수도 있지만, 그렇지 않은 경우에는 나무가 제멋대로 자라 문제를 초래할 수도 있다.

물론 생울타리는 바람이나 시선을 부드럽게 차단해 주기도 하고, 꽃을 피우면 볼거리도 생겨 행정구역에 따라서는 생울타리 조례나 녹화 조례 등을 통해 보조해 주는 제도도 있다. 생울타리는 기본적으로 부지의 가장자리를 따라 만들기 때문에 옆집이나 도로로 가지가 침범하거나 낙엽이 떨어지면 대외적인

나무 펜스는 시간이 지나면 색이 안정화되어 식재와도 잘 어우러진다.

대응이 필요하다.

그곳을 나무 펜스로 할 경우 처음에는 시공비가 들지만 매년 가지치기해야 하는 수고를 줄일 수 있다. 내후성(기후에 견디는 성질)이 뛰어나 실외 도료 작업을 할 필요가 없는 목재라면 몇 십 년은 유지·보수하지 않아도 된다. 긴 나무 펜스는 식재나 수납, 오두막 등의 구조물과 함께 조합해서 만들면 단조로움을 피할 수 있다.

대나무 울타리

요즘은 대나무 울타리를 만드는 사람이 거의 없다. 가끔 보이는 대나무 울타리는 합성수지를 사용한 것으로 무미건조하기 짝이 없다. 천연 대나무 울타리는 5~7년 정도 지나면 썩기 때문에 교체해야 한다. 합성수지로 만든 것은 세월의 변화와 먼지 때문에 오염되지만, 천연 대나무의 경우 서서히 빛이 바래는 모습이 한적한 정취를 자아낸다. 그리고 옛날 사람들은 대나무 울타리가 수명을 다하면, 다른 디자인으로 다시 만들어 정원 분위기를 대나무 울타리 하나로 변모시켜 즐기기도 했다. 지금은 "어쨌든 썩지 않는 것이 좋다", "내구성이 좋아야 한다"는 사람이 많다. 하지만 너무 튼튼해 허물 때 힘든 정원도 있다. 그걸 본 의뢰인이 "쉽게 허물 수 없는 것도 문제네"라고

정원 길을 따라 만든 대나무 울타리.
정원 공간 안에서 방향성을 주거나 경계가 된다.

중얼거리던 모습을 잊을 수 없다. 폐기할 때의 문제도 고려하면, 성장이 빠르고 흙으로 순환되는 대나무는 재생 가능하고 탄소 중립적인 뛰어난 소재라 할 수 있다.

현재 구입할 수 있는 대나무 중 대부분은 안타깝게도 해외 수입 제품이다. 반면 일본 국내 대나무 숲은 황폐해지고 있다. 원래 뛰어나고 재생 가능한 자원이기 때문에 좀 더 잘 활용되었으면 하는 바람이다. 지금까지 해 왔던 대나무 울타리 제작 방식에 얽매이지 말고, 일본의 정취가 살아 있는 모던한 대나무 울타리를 만들어 보는 것도 좋겠다.

지방에 가면 선조 대대로 드넓은 부지에 사는 사람도 있다. 대나무 숲 등이 있을 경우, 방치하면 각다귀의 온상이 되어 아주 황폐한 느낌이 든다. 예로부터 '종이우산을 쓰고 지나갈 수 있을 정도'로 대나무와 대나무 간격을 넓게 두라는 말이 있다. 대나무 숲이 없는 지역 사람들에게 울타리용으로 대나무를 나누어 주면 '솎아주기'도 되어 일석이조다. 죽순 캐기 등의 이벤트를 열 수도 있다.

지방에 가면 대나무 숲이 방치된 모습을 자주 볼 수 있는데, 조경 관계자에게 물으면 왕대는 점점 줄어들고 있다고 한다. 왕대는 주로 대나무 울타리, 바구니, 소쿠리 등에 사용되는데, 제2차 세계대전이 끝나고 사람들의 생활이 안정되기 시작한

1950년대 중반부터 1960년대 중반에 많이 식재되었다. 그때 심은 것들이 죽을 시기가 되었는지도 모른다. 대나무는 60년에서 120년에 1번, 꽃을 피운 후 죽는다고 하니까. 요즘 여기저기에서 꽃을 피우고 죽어 가는 대나무 숲을 본 적이 있다. 이렇게 기피하는 대나무 숲이 되었지만, 제대로 관리해 사용하면 매우 친환경적이고 지속 가능한 소재를 제공하는 식물이라 예로부터 사람들이 생활하는 곳 주변에 심곤 했다. 맥이 끊어지지 않으면 좋겠다는 바람이 있다.

황폐해진 대나무 숲. 사진 밑에 있는 사람들의 크기와 비교해 보면 그 거대함을 알 수 있다.

목적에 맞는 구조 선택

차폐 용도로 사용할 경우, 펜스 높이는 오가는 사람들의 시선을 어디에서 차단할지가 기준이 된다. 가령 가리고 싶은 집 안의 모습이 다음 중 어느 것에 해당하는지에 따라 높이를 정한다.

① 정원에 의자를 놓고 앉는다.
② 정원에 선다.
③ 덱에 의자를 놓고 앉는다.
④ 덱에 선다.
⑤ 실내 바닥에 앉는다.
⑥ 실내에 의자를 놓고 앉는다.
⑦ 실내에 선다.
⑧ 오가는 사람들의 시선은 신경 쓰지 않는다.

펜스는 보통 도로나 옆집 사이 경계에 만들게 되는데, 그 전에 먼저 필요한지 아닌지 생각해야 한다. 아무것도 만들지 않는 것도 하나의 선택지가 될 수 있다. 영화 등에서 보면 미국의 주택가에서는 펜스를 찾아보기 어렵다. 대신 넓은 잔디밭이 있다. 조건이 된다면 그렇게 하는 것도 선택지 중 하나가 될 수 있다고 생각한다.

넓은 잔디밭이 없어도 방범이 문제되지 않는다면, 펜스를 두지 않는 것도 깔끔해서 좋다. 주위 시선은 신경 쓰이지 않지만 경계가 필요한 경우, 예를 들어 60센티미터 정도 높이에 가로로 봉 하나 정도만 걸쳐 두어도 경계 기능을 할 수 있다.

정원은 개방해 두고 싶지만 정원에서 놀던 아이가 도로로 뛰쳐나가면 위험하기 때문에 높이 50센티미터 정도의 이동식 펜스를 어린아이가 있는 집에 만든 적이 있다. 펜스에 바퀴를 달고 레일을 깔아 개폐 가능할 뿐만 아니라 펜스가 쓰러지지 않게 옆으로 움직이도록 했다. 어른이 간단히 타고 넘을 수

← 현관 앞에 만든 나무 펜스. 식재를 조합하면 무미건조한 풍경이 화사해지고 계절감도 즐길 수 있다.
→ 덩굴장미를 늘어뜨린 퍼걸러.

있을 만한 높이라 펜스보다 '게이트'라고 하는 편이 나을지도 모르겠다. 실제로 이것을 만든 다음부터는 외부인이나 방문판매하는 사람이 오지 않게 되었다고 한다.

도로나 이웃의 시선을 차단하기 위해 펜스를 만들 경우, 그저 높게 만든다고 좋은 것은 아니다. 통풍이나 채광을 감안하면 가능한 한 낮게 하고 빈틈을 두는 것이 좋다.

언젠가 높이 2미터 이상인 생울타리를 사람의 키보다 낮게 하고 싶다는 의뢰를 받은 적이 있다. 이야기를 들어 보니 도둑이 들었다고 한다. 담장도 생울타리도 펜스도 높게 하면 도둑의 침입을 막을 수 있을 것 같지만, 밖에서 집 주변이 완전히 보이지 않을 경우, 일단 집에 들어가면 안심하고 도둑질을 할 수 있기 때문에 오히려 표적이 되기 십상이다. 그리고 범죄 저널리스트 우메모토 마사유키 씨에 따르면 물건이 널브러지고 잡초가 우거진 정원은 빈집이기 때문에 '허술해서 쉽게 훔칠 수 있다'고 생각하는 경향이 있다고 한다.

한편 높이가 3미터에 가까운 펜스를 만든 적도 있다. 남쪽에 주차장을 끼고 4층짜리 아파트가 있고, 각 층의 북쪽 통로에서 집과 정원이 훤히 들여다보이는 곳이었다. 그래서 거실 앞에 4층의 시선을 차단할 수 있는 높이로 목제 프레임을 만들고 갈대발을 사용했다. 갈대발을 고른 이유는 남쪽에 3미터나

↑ 도로에서 보이지 않게 가림막 역할을 하는 낮은 울타리.
↓ 갈대발을 사용한 커다란 가림막. 창을 두어 빛이 들고 바람도 잘 통하게 했다.

되는 판자를 사용하면 어두컴컴하고 위압감이 들기 때문이다. 폭도 4미터 정도로 모든 면에 갈대발을 치면 디자인적으로 재미가 없어져 허리 높이 두 곳에 창을 만들었다. 수지 성분으로 만든 70센티미터 정도의 불투명한 흰색 창으로, 밑 부분을 밖으로 10센티미터 정도 밀어 열어 둔 상태로 고정해 채광과 통풍을 확보했다.

가림막 기능과 반대로 옆집 사람과 이야기를 나눌 수 있도록 얼굴이 보이는 높이로 설치해 달라는 주문도 있었다.

펜스의 높이나 구조는 다양한 조건에 따라 정해지기 때문에 원하는 조건과 균형이 맞는지 고려해야 한다.

'그린 게릴라'와 '게릴라 가드닝'

'게릴라'같이 위험천만해 보이는 말은 대체로 식물을 가리키는 '그린'과는 어울리지 않을지도 모르겠다. 하지만 뉴욕과 런던에는 이런 이름의 단체나 방법이 있다.

첫 번째는 뉴욕의 공터에 커뮤니티 가든을 만들어 환경 미화를 하는 비영리 환경 단체 '그린 게릴라'다. 단체 구성원들은 방치되어 범죄의 온상이 된 공터를 녹색 정원으로 바꾸었다. 그 방법도 독특하다. 공터를 둘러싼 철망 너머로 씨, 물, 퇴비를 넣은 자루를 던져 넣는 것이다. 이런 방법 때문에 '게릴라'라는 이름이 붙었는지도 모른다.

런던도 뒤지지 않는다. 런던에서 '게릴라 가드닝'을 제창한 사람은 리처드 레이놀즈로 꽃집에서 팔고 남은 모종을 받아 블로그를 통해 식물을 심고 싶은 사람을 모집했다. 그 결과 몇 명이 모여 하룻밤 사이에 아무것도 없던 작은 땅을 화단으로 변신시키는 기발한 프로젝트를 성공시켰다.

물론 그 공터는 사유지라 허가받지 않았기 때문에 엄밀히 말하자면 위법행위다. 그야말로 게릴라! 그러나 마을 사람들은 공터가 꽃이 피는 곳으로 아름답게 탈바꿈된 것을 기뻐했다. 물론 꽃과 초록이 가득한 지역에서는 범죄율이 감소한다 하니, 게릴라 행위도 썩 나쁜 것만은 아니다.

태국에서는 한 NGO 단체가 그 옛날 '태국 사회의 쓰레기장'으로 불린 슬럼가에 쓰레기를 버리러 오는 사람들에게 식물 모종과 쓰레기를 교환해 주는 운동을 기획했다. 덕분에 슬럼가가 순식간에 꽃으로 가득 찬 마을로 변모했다고 한다. 이곳 또한 범죄율이 줄어들었다고 하니, 꽃의 힘은 실로 위대하다.

수납
정리하는 장소에서 즐기는 장소로

구입한 식물 포트나 용토가 담긴 봉지, 지지대, 플랜터(식물을 심는 큰 화분) 등의 자재, 그리고 도구가 정원에 넘쳐난다. 여기저기 흩어져 있으면, 필요한 것을 찾지 못하거나, 같은 것을 몇 번이나 구입하는 등 쓸데없는 수고나 낭비가 늘어난다. 그리고 무엇보다 정원이 흉물스럽게 변해 버린다.
이런 유감스러운 사태를 방지하기 위해 정리하거나 사용하기 편리한 수납공간이 꼭 필요하다.
하지만 비좁은 정원에 수납공간을 두면 더 비좁아지지 않을까? 사실 수납공간을 그저 두기만 하면 그만큼 정원은 비좁아진다. 공간을 효율적으로 사용하는 방법을 모색해야 한다. 실외기 위라든가 밖으로 낸 창 밑 같은 틈새에 좁은 폭으로 수납장을 만들어 펜스 겸용으로 사용하거나, 벤치 또는 테이블 밑을 이용해도 좋다. 좁은 정원일수록 수납공간으로 정리하면 공간을 효과적으로 사용할 수 있다.

무엇을 수납할 것인가

- 청소 도구(정원이나 도로 등 집 주변 청소용)

    → 갈퀴, 빗자루, 쓰레받기, 제설용 삽

- 정원 도구

    → 전정 가위, 양손가위, 전정 톱, 고지가위(길이 조절이 가능해 사다리 없이도 높은 곳의 가지치기를 할 수 있는 가위), 모종삽, 삽 등

- 캠핑 도구(서바이벌 툴)

    → 난로, 연료, 조리 기구, 식기, 텐트, 침낭, 구급상자, 보존 식품, 물, 비상용 화장실 등, 반려동물의 먹이나 배변 관련 도구

- 스노타이어, 자동차 관련 용구, 공구
- 취미 관련 도구

수납을 정원의 중심 요소로

보통 수납(수납장)은 정원 모퉁이 한쪽에 눈에 띄지 않게 두는 것으로 생각하지만, 오히려 정원 정면 중심이 되는 곳에 배치할 수도 있다. 특히 일본의 주택 사정을 감안하면, 정원 남쪽이 바로 옆집 뒤쪽에 자리한 경우가 많은데, 그곳은 보통 부엌이나 화장실, 욕실의 창이 있거나 스노타이어, 자주 사용하지 않는 용품을 두는 곳이라 이런 것들을 보이지 않도록 가리는 데도

도움이 된다.

다만 이런 경우 디자인이나 기능을 꼼꼼히 따져 보아야 한다. 단순히 수납장을 정면에 두면 투박하고 보기에도 좋지 않다. 가령 책상처럼 문을 앞으로 열면 작업대가 되거나, 문 구성이 독특한 디자인이거나, 그곳에 퍼걸러같이 지붕을 만들어 비가 올 때도 간단한 작업을 할 수 있도록 하거나, 의자를 붙여 차를 마실 수 있는 공간으로 만들면 실용성을 갖춘 정원의 중심 요소가 된다. 이런 식으로 밋밋한 옆집 뒤쪽 부분을 가리면, 정원을 안뜰 같은 공간으로 구성할 수 있다.

수납을 펜스와 합체하는 것도 좋다. 수납할 물건에 맞추어 가능한 한 폭을 좁게 하고, 문 디자인을 펜스와 맞추면 통일감

문을 열면 작업대로 쓸 수 있는 수납장.

있는 공간 절약형 수납장이 된다.

스노타이어를 보관하기 위해 차고의 기둥과 기둥 사이에 타이어가 안성맞춤으로 들어가는 두께로 수납공간을 만들어 두면 펜스처럼 가림막도 되고, 세차 도구같이 자질구레한 용품을 정돈할 수도 있다.

갈퀴나 빗자루는 처마 밑 벽에 걸어 둘 수 있게 하면 좋다.

넓이와 용도 업그레이드

수납공간을 업그레이드하면 오두막이 된다. 공간이 한정된 정원에서도 오두막 같은 공간을 만들 수 있다. 작은 테이블과 의자가 있고, 지붕과 벽으로 둘러싸인 공간이 있으면 그곳이 바로 오두막이 된다. 오두막이 있으면 정원 풍경이 완전히 달라진다. 오두막에서 보면 정원의 풍경 또한 달리 보인다. 독일의 시민 농원 클라인가르텐(34쪽 참고)에는 무조건 오두막이 있다. 도구나 자재를 보관하거나, 거기에서 차나 식사를 즐기기도 하며, 지하에 와인 셀러가 있는 오두막도 있다. 그렇게까지 갖추지 않아도 휴대용 가스버너나 캠핑용품 등을 쉽고 편하게 다루고 사용할 수 있게 해 두면, 작은 공간이라도 오두막 분위기를 만끽할 수 있다. 캠핑용품은 캠핑을 자주 다니는 사람은 물론, 그렇지 않은 사람도 만약의 사태에 대비해 매우 유용하게 사용할 수 있다. 평소에도 정원에서 사용하면서 도구 다루는 법을 연습해 두면 좋다. 가끔 정원에서 물을 끓여 차를 마시거나 보존식품을 밖에서 조리해서 식사하면, 식료품이나 연료 재고량도 확인할 수 있다. 재해를 대비한 예행연습도 된다.

공간이 넉넉하다면 장작 난로나 화덕을 조합할 수도 있다. 싱크대나 수도꼭지를 설치하면 가든 키친이 된다. 또 모퉁이를 유리(또는 투명 수지)로 하면 온실이나 선룸으로도 사용할 수 있다. 펜스나 수납, 오두막을 간접 조명 등으로 비추면 밤에 정원을 은은하게 밝힐 수도 있다.

오두막을 다시 업그레이드하면 개러지garage가 된다. 개러지는 원래 차고라는 의미지만, 공방이나 아틀리에, 스튜디오로 사용되는 경우도 많다. 개러지로 따로 만들지 않아도 본채에 딸린 별채로 두어 제한된 공간을 이용할 수 있다.

자잘한 수납부터 시작해 개러지까지, 집과는 다른 공간이 생기면 외부로 이어져 생활공간이 확장된다.

다양한 수납공간

↑ 초가지붕의 오두막.

↓ 옆집과의 경계를 겸한 수납공간.

↑ 맨션 베란다 벽 옆에 설치한 깊이 30센티미터 정도의 수납공간.

↓ 타이어 전용 수납공간.

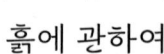
흙에 관하여

밭에서도 정원에서도 아무렇지도 않게 '흙 만들기'라는 말이 사용되는데, 진짜 흙은 인간이 아무리 화학적인 방법을 이용한다 해도 만들어 낼 수 없다. 흙을 만들려면 동식물이나 토양 미생물의 힘을 빌려야 하고 오랜 시간이 필요하다. 지렁이는 빨판 같은 입으로 낙엽을 먹고, 자신의 몸과 비슷한 무게가 나가는 분비물을 배출한다. 이렇게 유기물이 지렁이의 몸속을 통과하면 질소, 칼륨, 인산이나 미량원소인 마그네슘 등이 증가한다. 옛날부터 지렁이가 귀중한 존재라고 한 이유다. 식물의 뿌리와 토양 미생물은 밀접한 관계를 맺어 왔다. 잘 알려진 소나무와 송이버섯의 관계를 예로 들어보자. 균근균이라 불리는 송이버섯의 균은 소나무 뿌리에 파고들 듯 공생하면서 소나무에 흙 속 수분과 양분을 공급한다. 반대로 송이버섯은 소나무가 광합성을 해 만든 당질을 제공받는다. 균근균처럼 식물과 직접 공생 관계를 맺지 않아도 토양 미생물은 낙엽이나 생물의 사체, 배설물 등의 유기물을 무기물로 분해해 식물이 흡수할 수 있게 한다. 토양 미생물의 활동이 토양을 기름지게 하는 것이다.

흙 속 네트워크

다양한 토양 미생물이 흙 속 생태계를 만들어 식물들을 연결하는 네트워크를 형성한다. 흔히 보는 버섯은 번식을 위한 기관으로, 균사라 불리는 버섯류의 본체는 흙 속에서 실처럼 가늘고 길게 퍼져 연결되어 있다. 다른 미생물도 다양한 관계를 맺으며 연결되어 생명 활동에 필요한 정보나 양분을 주고받는다.

두 개의 식물을 하나의 화분에 나란히 심어 실험한 적이 있다. 한쪽 식물에 햇빛이 닿지 않도록 봉지를 씌워 관찰하자, 약해지기는 했지만 말라 죽지는 않았다. 이번에는 흙 가운데에 칸막이를 두어 토양 미생물끼리 접촉하지 못하게 했다. 계속 관찰하자 봉지를 씌운 식물은 말라 죽어 버렸다. 토양 미생물이 다른 식물이 광합성을 해서 만들어 낸 당질을 빛을 차단한 식물에게 보내 준 것 같다. 숲속의 나무들이 네트워크로 그룹을 이룬다는 연구도 있다. 미생물이 살아 숨 쉬는 기름진 토양은 각각의 식물을 키울 뿐만 아니라 식물들을 이어 주고 있다.

황폐해진 흙

화학비료인 황산암모늄은 양분이 되는 암모니아가 식물에 흡수되면 흙 속에 황산을 남긴다. 또 염화칼륨은 칼륨이 식물에 흡수되면 염산이 흙 속에 남아 각각 토양 미생물에게 악영향을 준다. 화학비료가 보급되면서 퇴비를 사용하지 않게 되자 유기질 공급이 중단되어 토양 미생물의 활력이 떨어졌다. 유기질과 토양 미생물이 줄어들면 떼알 구조(토양 입자가 뭉쳐 떼알을 형성해 다양한 크기의 공극이 만들어져 통기성과 배수, 보수력이 좋은 구조)가 파괴되고 홑알 구조(동일한 크기의 토양 입자가 서로 결합되지 않고 각각의 입자로 흩어져 있는 상태로 식물이 잘 자라기 어려운 구조)의 단단한 흙으로 변해 간다.

화학비료뿐만 아니라 살충제, 살균제, 제초제 등의 농약도 미생물을 줄어들게 해 토양을 황폐하게 한다.

1960년대에 인도에서는 '녹색혁명'이라 하여 식량을 대량생산하기 위해 품종을 개량한 벼를 사용하고, 농지에 다량의 농약과 화학비료를 사용했다. 처음에는 세 배 가까운 수확량을 올렸지만, 이때 사용한 농약과 화학비료 때문에 현재 농지가 황폐해져 수확량이 줄어들고 말았다.

UN 식량농업기구에 따르면 식량 생산에 중요한 지구 토양의 33퍼센트 이상이 이미 황폐해져, 2050년까지 90퍼센트 이상의 토양이 황폐해질 가능성이 있다고 한다.
황폐해진 토양은 비나 바람에 쉽게 침식되어 전 세계적으로 연간 250억~400억 톤의 표토(토질이 부드러워 갈고 맬 수 있는 땅 표면의 흙)가 파괴되고 있다.

떼알 구조의 흙

정원에서 물이 잘 빠지지 않으면 호우가 내릴 때 침수되고 만다. 이를 대비한 정원을 만들고 싶다면 정원 흙의 환경도 개선할 필요가 있다.

황폐해진 흙은 대체로 '홑알 구조'다. 크기가 동일한 흙 입자가 빼곡하게 모여 있어 통기성도 물 빠짐도 좋지 않아 토양이 단단해진다. 이에 반해 떼알 구조로 된 흙은 입자가 점착성을 갖춘 유기물에 의해 뭉쳐 있어 다공질의 작은 떼알을 만들고, 그 작은 틈새에 수분과 양분을 축적한다. 떼알과 떼알 사이 커다란 틈새는 물이 잘 빠지고 공기도 잘 통하게 해 준다. 그 틈새가 토양 미생물의 서식지가 된다. 이것이 보수력이 있고 물 빠짐이 좋은 흙이다.

그러나 정원이 전체적으로 배수가 좋지 않다 해도 모든 흙을 바꿀 수는 없다. 표층의 흙만 개선한다고 해도 더 깊은 곳은 물이 잘 빠지지 않아 호우가 내릴 때 그리 커다란 차이가 없다.

우리는 배수가 나쁠 경우, 경사(구배)를 잘 만들고 트렌치(일반적으로 정원이나 마당 주변에 땅을 파서 만든 길고 좁은 도랑이나 수로)를 설치해, 어느 정도의 물은 그곳으로 흘러가도록 한다. 그리고 정원에 비가 내릴 때만 배수 가능한 도랑을 파서 '마른 개천(건천)'을 만들고, 놀이와 물 빠짐을 겸할 수 있도록 한다(164쪽 참고).

흙 개량법 - 대나무를 이용한 숨틀 설치 방법

흙의 상태가 좋지 않은 곳에 식물을 키울 경우 나무 주위에 죽통을 파묻는 숨틀(유공관)설치법도 시도하는데, 현재 상당한 성과를 올리고 있다.

① 직경 5센티미터 정도의 대나무 상단을 마디 바로 위에서 똑바로 자른다(마디 제거).
② 대나무를 1미터 정도 길이로 자른다. 이때 흙에 잘 박히도록 마디에서 비스듬히 자른다.
③ 이러한 방법으로 중간키나무(높이 2~3미터)의 경우, 세 개에서 다섯 개 정도 준비한다(나무의 크기에 따라 다르다. 커다란 나무라면 더 많이 필요할 수도 있다).
④ 손도끼를 이용해 세로로 반을 쪼갠다.

↑ 흙이 좋지 않은 정원에서는 식물을 키우고 싶은 곳에만
　새로운 흙을 넣어 낮은 틀밭으로 만든다. 사진은 시공 직후의 모습.
↓ 위 정원을 시공한 후 2년이 지나 식물이 자란 모습.

⑤ 안쪽 마디를 작은 쇠망치로 두들겨 제거한다.

⑥ 쪼갠 대나무를 원래 상태대로 딱 붙여 몇 군데를 철사로 묶는다(마끈 등으로 묶어도 된다).

⑦ 대나무 길이보다 다소 얕게 구덩이를 판다. 구덩이 간격은 0.5~1미터 정도, 나무뿌리가 손상되거나 잘리지 않도록 주의한다. 파묻는 위치는 새롭게 식물을 재배할 경우 심는 구덩이 주변으로 한다. 이미 심은 나무의 경우에는 원줄기와 뻗어 나간 잎끝의 중간, 또는 옆 나무와의 중간쯤으로 잡는다.

⑧ 대나무를 나무망치로 두들겨 넣는다. 머리 부분이 지상에서 1~2센티미터 정도 나오도록 집어넣는다.

⑨ 흙으로 다시 메운다. 이때

부엽토, 우드 칩 퇴비, 음식물쓰레기로 만든 완숙 퇴비, 왕겨숯(훈탄) 등을 흙과 섞어 넣으면 더욱 좋다.

⑩ 죽통 안에 음식물 퇴비로 만든 액체 비료를 열 배로 희석해 부어 넣는다(없을 때는 목초액을 1000배로 희석해 부어 넣는다. 반드시 희석할 것!).

⑪ 어린아이나 노인이 발에 걸려 넘어질 우려가 있다면 대나무 가장자리까지 흙을 쌓아 올리면 위험을 방지할 수 있다.

1미터 정도 판 후 죽통을 파묻고 싶지만, 땅이 단단한 경우에는 50센티미터 정도로 해도 된다. 최소 30센티미터 정도는 파 주는 것이 좋다.

이 방법으로 주변 흙을 부드럽게 만들고 죽통 주변 토양 미생물의 활동을 촉진한다. 물 빠짐이 좋지 않다는 것은 산소도 공급되지 않는다는 의미라, 이 방법을 쓰면 흙 속에 보다 많은 산소를 공급할 수 있다. 또 물도 표면뿐만 아니라 깊은 곳까지 스며들어 나무뿌리가 물을 찾아 깊은 곳까지 뻗고, 미생물의 활동도 활발해질 뿐만 아니라 흙도 뻗어 나가는 뿌리 때문에 부드러워진다. 양분과 산소가 공급되면 뿌리는 잘 뻗어 간다.

죽통 매설법은 포스트 홀 디거 post hole digger, 나무망치, 손도끼 등의 도구가 필요하지만, 준비하지 못한 경우에는 구덩이를 커다랗게 파고, 가지치기한 길고 두꺼운 가지 몇 개를 이용해 구덩이 가장자리를 푹푹 쑤신 후 흙을 메워도 된다.
죽통 매설법은 흙이 단단한 곳뿐만 아니라, 오랫동안 비가 내리지 않거나 나무에 생기가 없을 때도 효과가 있다. 10일 이상 비가 내리지 않을 경우, 죽통에 물을 부어 넣는다.

대나무를 이용한 숨틀을 시공한 후의 모습. 이 방법을 사용하면 물이 깊은 곳까지 스며들 뿐만 아니라, 토양 미생물 활성화에도 도움이 된다.

화학비료와 유기비료

식물의 뿌리는 매우 중요한 역할을 한다. 뿌리가 수분과 영양소를 빨아들여야 잎에서 흡수한 이산화탄소를 활용해 광합성을 할 수 있고, 광합성을 해야 생명 활동을 위한 에너지가 되는 당질을 만들어 내고 분리한 산소를 배출할 수 있다. 다시 말해 광합성은 식물의 잎과 태양 빛만으로는 불가능한 것이다.

그런데 화학비료가 나오면서 사람들은 손쉽게 이를 사용해, 겉으로 보기에만 커다랗고 푸릇푸릇한 식물을 만드는 데 혈안이 되어 식물의 뿌리와 흙을 생각하지 않게 되었다. 화학비료는 영양분인데 뭐가 나쁘냐고 생각하는 사람이 있을지도 모르겠다. 많은 원예 책에서는 '○월에는 이것, X월에는 저것' 하는 식으로 이야기한다. 예전에는 농약이나 화학비료를 얼마나 잘 사용하느냐가 정원사의 실력을 판단하는 기준이 되었다. 하지만 농약은 물론 화학비료도 이름 그대로 '화학 합성 물질'이다.

게다가 식물에 화학비료를 주면 단기적으로는 건강해진 것처럼 보이지만, 멀리 보면 식물을 약하게 만든다. 사람으로 말하자면 식사 대신 영양제와 에너지 음료 같은 약물로 균형 잃은 몸 상태를 회복시켜 건강을 되찾고자 하는 것과 같다.

토양 미생물에 영양을 공급해 토양 미생물이 만들어 낸 것(분해한 것)을 식물이 이용하는 것이 정상적인 자연계의 순환이다. 식물에 화학비료를 이용해 직접 영양을 공급하는 방법이 얼마나 억지스러운 일인지 조금만 생각해도 알 수 있을 것이다.

화학비료에는 식물의 3대 영양소인 질소, 인산, 칼륨이 화학적으로 합성되어 배합되어 있다. 그러나 사람에게 단백질, 탄수화물, 비타민뿐만 아니라, 다양한 미량원소 등이 필요한 것처럼 식물에도 미량원소가 필요하다. 화학비료는 이러한 것을 염두에 두지 않는다. 그러기는커녕 화학적으로 질소, 인산, 칼륨을 넣기 때문에 제외되는 미량원소도 있다.

왼쪽부터 부엽토, 적옥토(소립, 화산토를 고온 처리해 만든 붉은색 용토로 보수성, 통기성, 배수성 등이 뛰어나다). 흙. 아래는 커다란 알갱이 모양의 적옥토.

화학비료의 문제점

- 대부분 질산염과 인산염을 함유하고 있다.
- 흙에 빗물이 스며들 때 질산염이 혼입되면 수질이 오염된다.
- 식용작물에 독이 함유된 것으로 의심되는 잔류물이 축적된다.
- 질산염의 일부는 대기오염 물질 중 하나로, 산성비와 지구온난화의 원인이 되기도 하는 질소산화물로 방출될 우려가 있다.
- 화학비료를 직접 공급받은 식물은 수분이 많고 양분의 질이 떨어지기 때문에 병충해를 잘 입는다.
- 한정된 자원이 화학비료 제조를 위해 사용되고 있다.
- 지효성(효과가 늦게 나타나는) 화학비료 중에는 미세 플라스틱 문제를 일으키는 것이 있다.

비료와 퇴비의 차이

비료와 퇴비를 같은 말로 사용하곤 하는데, 비료는 화학비료와 유기비료 모두를 포함하는 개념이다. 이에 반해 퇴비는 유기질 비료를 말한다. 즉 화학비료는 비료이지 퇴비는 아니다. 음식물쓰레기 퇴비나 부엽토는 비료이자 퇴비다.

시판되는 흙과 비료의 종류

화학비료		화학적으로 합성한 질소, 인산, 칼륨을 배합한 것
유기질비료	동물성	우분, 계분, 돈분, 뼛가루, 생선가루
	식물성	부엽토, 바크 퇴비, 훈탄(짚, 낙엽, 잡초 등을 태운 재를 인분과 섞어 만든 거름으로 배수성과 통기성이 좋다), 음식물쓰레기 퇴비, 깻묵(기름을 짜내고 남은 깨의 찌꺼기)
토양 개량제		버미큘라이트(질석을 섭씨 약 1000도로 구운 것으로 배합토의 재료), 펄라이트(화산 작용으로 생긴 진주암을 섭씨 850~1200도로 가열, 팽창시켜 만든 인공 토양), 제올라이트(미세 다공성 알루미늄 규산염 광물로 흡착제나 촉매로 활용된다), 피트모스(수생 식물이나 습지 식물의 잔재가 연못 등에 퇴적되어 나온 흑갈색 단립성 토양), 석회(토양에 칼슘, 마그네슘 등을 공급하는 역할을 하는 자재), 초목회(풀과 나무를 태운 재), 각종 합성 물질
기타		적옥토(대립, 중립, 소립), 녹소토

화학비료는 원래 화약이었다. 화약과의 관계로 따지자면, 퇴비가 더 오래된 역사를 지니고 있다. 일본에 총포가 전해진 것은 1543년이라고 한다. 그 후 전국시대에 대영주들은 총포를 많이 사용했다. 그렇다면 당시에 화학물질도 없는데 어떻게 화약을 만들었을까? 원료는 질산칼륨, 유황, 목탄 등으로 질산칼륨의 대부분은 중국에서 수입했다. 하지만 《잘 알려지지

않은 시라카와고: 마루 밑 화약이 마을을 만들었다》(마지 다이조, 후바이샤)라는 책에 따르면, 에도시대에는 사람의 소변, 누에똥, 들풀 등으로 토양 미생물의 활동을 촉진시켜 질산칼륨을 만들었다고 한다. 질산칼륨을 만들기 위해서는 질소가 필요하고, 질소는 퇴비에서 만들 수 있기 때문에, 화약이 퇴비에서 만들어진 셈이라 할 수 있다.

이후 화학이 발달하면서 화학적인 방법으로 화약을 만들 수 있게 되었다. 하지만 제1차 세계대전이 끝나고 화약을 대량으로 사용하지 않게 되자 그 전쟁의 기술을 농업 등에 이용해 화학비료를 만든 것이다.

장작 난로가 있으면 타고 남은 재는 초목회로 이용할 수 있어 정원에 도움이 된다.

유기질 퇴비는 안전한가?

유기질 퇴비를 사용할 때도 주의가 필요하다.
계분이나 우분은 먹이에 섞인 항생물질, 호르몬제가 잔류하고, 깻묵 등도 최근에는 기름을 짜지 않고 대부분 화학약품으로 추출해 화학물질이 남아 있는 경우가 있다.
'완숙 부엽토'도 약품을 사용해 잎을 갈색으로 만들어 안심할 수 없다. 부엽토를 구입할 경우에는 국산 제품으로, 화학적 처리를 하지 않은 것을 골라야 한다. 목초액 등도 그렇지만 대량 판매, 할인 판매 상품에는 이유가 있기 마련이라 주의해야 한다.
가능한 한 음식물쓰레기나 낙엽으로 퇴비를 만들도록 한다. 스스로 만드는 것이 가장 안심할 수 있을 뿐만 아니라, 정원의 순환을 가능하게 하는 방법이다.
석회의 경우 주의하지 않으면 불이 나거나 가스가 발생하기도 하고, 지나치게 많이 사용하면 흙이 단단해진다. 우리가 권장하는 방법은 굴이나 가리비 등의 조개껍데기, 달걀 껍질 등을 가루 내 유기석회를 만드는 것이다. 잡초나 가지치기를 한 가지를 서서히 태워 만든 초목회도 토양 개량에 큰 도움이 된다. 초목회는 토양 개량뿐만 아니라, 해충을 퇴치할 때도 이용할 수 있다.
낙엽이나 시든 잎은 시간이 지나면 부식(토양 유기물)되어,

칼슘을 주성분으로 하는 자재의 특징과 차이

종류	액성	특징과 목적
소석회	강알칼리	알칼리성이 매우 강해 산성 토양을 신속히 중화하기 위해 사용한다. 질소비료와 화학반응을 일으켜 암모니아 가스가 발생하거나 피부병 등의 위험도 있으므로 취급에 주의한다.
생석회	강알칼리	석회 자재 중 산성 중화력이 가장 높다. 물과 반응하면 발화할 정도로 고열이 발생하기 때문에 취급에 주의한다.
유기석회	알칼리성	굴이나 가리비 등의 조개껍데기, 달걀 껍질 등을 가루로 만든 것 등이 있고, 주성분은 탄산칼슘이다. 물에 잘 녹지 않지만, 서서히 중화하기 때문에 흙이 단단해지는 등의 실패가 적다.
고토석회	알칼리성	탄산칼슘 외에 탄산마그네슘을 함유한다는 점이 특징이다. 칼슘과 동시에 마그네슘을 보급하고 싶을 때 이용한다.
질산칼슘	중성	물에 잘 녹기 때문에 소량으로도 효과가 있지만, 그만큼 비 등에 쉽게 씻겨 내려간다. 중성이기 때문에 토양을 알칼리성으로 만들고 싶지 않을 때 사용한다.
초목회	알칼리성	칼륨이 많은 것이 특징이지만 무엇을 태웠는지, 어떻게 태웠는지에 따라 성분이 다르다. 원료가 나무일 경우에는 칼슘이 많아지지만, 잡초일 경우에는 칼슘이 그다지 많이 함유되어 있지 않다는 점에 유의한다. 속효성이 있어 덧거름처럼 흙 위에 뿌리는 경우가 많다.
왕겨숯 (훈탄)	알칼리성	칼슘도 함유되어 있지만 칼륨과 규산이 더 많다. 뿌리를 잘 내리게 하고 미생물이 활동하기 편한 폭신폭신한 흙으로 만들고 싶을 때 흙 속에 섞어 사용하는 경우가 많다.

자료 출처_'함부로 사용하면 위험! 석회를 효율적으로 사용하는 방법',
〈밭은 작은 대자연〉 vol.25(마이나비농업 agri.mynavi.jp)

흙 입자를 이어 주는 역할도 해 준다.

그리고 잡초는 그곳에 있는 흙의 부족한 부분을 보충하듯 자라난다. 단단한 흙에는 뿌리를 수직으로 깊이 뻗는 심근성 풀이 자라나 흙을 부드럽게 해 주고, 산성 토양에는 칼슘이 풍부한 쇠뜨기 등이 자라나 중화한다. 잡초는 토양을 개량해 주는 존재다.

생명체가 찾아오는 정원

정원에는 수많은 생명체가 살고 있다. 아이들이 여름방학에 공원이나 숲으로 나가는 것도 좋지만, 내 집 정원에서 할 수 있는 곤충 채집 등도 여름방학 과제로 더할 나위 없이 좋을 것이다.

새

정원에 찾아와 주었으면 하는 생명체를 꼽자면, 단연 새일 것이다. 그것도 박새나 동박새 같은 자그마한 새. 그러려면 새집은 물론 새 모이통(버드 피더), 목을 축일 수 있는 얕은 접시 등이 있으면 좋다. 물론 새가 좋아하는 열매를 맺는 나무도 빼놓을 수 없다. 새들이 감나무 열매를 쪼아 먹는 모습을 자주 보는데, 겨울에 먹을거리가 부족해지면 치자나무 열매나 정월正月에 모아 심은 꽃양배추를 먹는다.
특별히 뭔가를 준비하지 않아도 동박새나 직박구리는 정원수에 둥지를 틀곤 한다. 한 정원에서 네 개나 되는 둥지를 발견한 적도 있다.

세시기歲時記에 계절에 관련된 모즈비요리鵙日和라는 말이 있다. 쾌청한 가을날, 때까치鵙가 지지배배 지저귀는 날을 모즈비요리라 할 수 있다. 그런데 이 울음소리는 알고 보면 한가로운 상황에서 나오는 소리가 아니다. 실은 때까치가 "여긴 내 땅, 여긴 내 나무"라고 자신의 영역을 선언할 때 내는 소리인 것이다. 우리가 가지치기를 시작하면 분명 "너, 이런 곳에서 대체 뭐 하고 있는 거야!"라며 시끄럽게 지저귈 것이다.

정원수를 손질하다 보면 가끔 기묘한 것을 발견하기도 한다. '때까치의 먹이 저장'이다. 가시가 있는 나무나 매실나무의 가시 모양 잔가지 등에 사마귀나 도마뱀이 꽂혀 있다. 때로는 바싹 말라 미라처럼 변한 것도 있다. 작은 것으로는 지렁이, 큰 것으로는 쥐, 두더지, 참새나 박새 등 작은 조류도 저장 먹이로 꽂혀 있다.

때까치는 왜 이런 방식으로 먹이를 저장하는 것일까. 오사카시립대학교 대학원 이학연구과의 니시다 유스케 특임 교수, 홋카이도대학교 대학원 이학연구원의 다카기 마사오키 교수 등의 공동 연구 그룹이 2019년에 밝힌 바에 따르면, 암컷을 얻는 데 중요한 역할을 하는 '노래의 품질'을 높이기

↑ 오목눈이. 사진_가가와 준
↓ 노랑딱새.

때까치가 가시 있는 식물에 먹이를 저장해 놓은 모습. ↑
때까치. ↓
사진_가가와 준

위해서라고 한다. 이렇게 저장한 먹이를 먹고 든든하게 체력을 기른 수컷의 울음소리는 매우 아름다워져 번식기의 암컷에게 인기 있다고 한다. 말린 과일이나 건어물처럼 먹이를 말리면 영양가가 더 높아지기라도 하는 것일까?

그런데 이런 새들도 요즘은 개체 수가 많이 줄어들었다. 생태계 피라미드 꼭대기에 있는 맹금류는 전 세계를 통틀어 550종류가 확인되는데, 국제자연보전연맹에 따르면 그 중 18퍼센트가 멸종 위험에 처해 있고, 13퍼센트는 준멸종 위기종이라고 한다. 그뿐만 아니라 맹금류 중 52퍼센트는 개체 수가 줄어들고 있다(2019년 1월 영국 버드라이프 인터내셔널 조사).

곤충

가느다란 대나무를 묶어 늘어뜨려 두면, 호리병벌이나 사냥벌류가 찾아와 알을 낳고 진흙으로 대나무의 구멍을 막아 놓고 간다. 죽통 안에는 진흙 벽으로 구분된 몇 개의 방이 있는데, 각각의 방에 알을 낳으면 애벌레가 부화한다. 어미가 박각시나방, 거미, 여치 등을 마취시켜 애벌레가 있는 곳에 넣어 주면 이 먹이들은 가사 상태로 잡아먹힌다.

먹이로 삼는 곤충은 벌의 종류에 따라 다르다. 호리병벌이나 사냥벌류는 종류가 많고 단독으로 행동하며, 사람을 쏘는 일은 거의 없다.

나비가 찾아오는 정원도 매력적이다. 나비의 생태를 조사해 좋아하는 식물을 심어 놓으면 찾아온다. 호랑나비류는 산초나무나 감귤류(운향과 식물), 벌새처럼 꽃의 꿀을 빨아 먹는 줄녹색박각시는 치자나무 같은 식으로 말이다. 보통은 여러 꽃의 꿀을 빨아 먹지만, 모두 산란을 위해 특정한 나무로 찾아온다.

부들레야*Buddleja*라는 꽃은 여러 나비나 나방이 좋아하기 때문에 '버터플라이 부시'로도 불린다. 일본에서 나방은 환영받지 못하지만, 프랑스어 '파피용'이 나방과 나비 모두를 포함하듯, 구분 짓지 않는 나라도 있는 것 같다. 실제로 낮에 날아다니는 나방도 상당히 많고, 형태나 모양이 아름다운 것도 많다. 줄녹색박각시도 그렇지만 박각시나방류는 낮에도 곧잘 발견된다. 제트기처럼 삼각형 날개가 있으며, 날카로운 줄무늬, 녹색이나 분홍색이 몇 겹 포개진 그러데이션, 불가사의한 퍼즐 같은 문양도 있어 온종일 보고 있어도 질리지 않는다. 주의 깊게 살펴보면 정원에는 나비보다 나방이 더 많을 수도 있다. 야행성 나방은 낮에는 잎 그늘이나 줄기에 가만히 숨어 있곤 한다. 해가 지고 정원에서 라이트 트랩을 하면 낮에는 볼 수 없는 곤충을 만날 수 있다. 라이트 트랩이란 시트 같은 하얀 천을

스크린처럼 치고, 방이나 주변 조명을 가능한 한 어둡게 한 후 라이트를 비추어 빛을 향해 모여드는 곤충을 관찰하는 방법이다. 날씨나 기온에 따라 모여드는 정도가 다르다. 빛이 강한 라이트를 사용해 산이나 숲 등에서 곤충을 채집할 때도 사용하는데, 생태계나 주변 주택에 큰 영향을 주기 때문에 금지하는 지역도 있다. 따라서 자신의 정원이 아닌 곳에서 할 때는 주의가 필요하다.

거미가 거미집을 지을 만한 장소를 만들어 주는 것도 시도해 볼 만하다. 민새똥거미나 왕거미 등은 밤새 집을 짓고 새벽녘에는

← 우리 집 작업장 한구석에 만든 호리병벌의 고층 아파트.
→ 부들레야를 찾아온 팔랑나비류.

처마 밑에 매단 곤충호텔. 어떤 곤충이 찾아올지 기대하는 것도 재미있을 것이다. 이런 재미를 위해서라도 잘 관찰해 보자.

죽통을 묶어 만든 호리병벌용 보금자리. 죽통에 이끼류를 채워 알 낳는 공간을 만드는 나나니벌이나 조롱박벌이 많이 사용한다.

정리한다. 집을 짓는 모습이 신기해 아무리 보아도 질리지 않는다. 우리는 왕거미가 집 짓는 모습을 처음부터 끝까지 한 시간 가까이 본 적이 있는데, 감동하지 않을 수 없었다. 그런 체험을 할 수 있는 곳이 바로 정원이다.

거미줄이 딱 하나 쳐져 있는 것을 본 적이 있다. 집을 짓다 관두었나 싶어 자세히 보니, 작은 솔잎 같은 것이 걸려 있었다. 살짝 건드리자 움직였는데, 앞뒤로 가늘게 뻗은 다리가 활짝 펴졌다. 가늘고 기다란 몸통에 다리가 여덟 개 였고, 자세히 살펴보니 거미를 잡아먹는 왕거미였다. 거미줄 한 개는 다른 거미를 유인하기 위한 함정이다. 보통 거미가 집을 지을 때 첫 번째 집이 짓기 힘든 것 같다. 바람에 거미줄이 날려 근처에 있는 가지나 기둥에 들러붙기를 기다린다. 그제야 비로소 집짓기가 시작된다. 그러니 거미줄 한 개가 남겨진 것을 보면, 이게 웬 떡인가 싶은 것이다. 바로 집을 지을 수 있겠다며 잽싸게 실에 이끌려 찾아온 거미를 왕거미가 해치운다. 집을 짓지 않는 거미도 있다. 배회성 거미라 불리는 종류인데, 의외로 많다. 게거미류는 꽃잎 뒤에 숨어 꿀을 빨아 먹으러 오는 곤충을 잡아먹는다. 대형 거미인 거북이등거미는 처음 보았을 때 타란툴라(독거미)인가 싶어 놀랐지만 모양이 다르다. 가느다란 몸통에 다리가 길다. 가끔 집 안에서 볼 수 있는

거북이등거미는 바퀴벌레 같은 벌레를 먹는다.
이 밖에 자주 볼 수 있는 거미로는 깡충거미가 있다. 작은 거미인데, 낮게 뛰어오르듯 이동한다. 진행 방향으로 손을 내밀면 껑충 올라탄다. 뛰어오르려고 해서 다른 한 손을 내밀면 그곳으로 뛰어 올라탄다. 몇 번 반복하다 질리면 쓱 실을 뻗어 내려간다. 어느 날 깡충거미가 개미 앞에서 앞다리 두 개를 올리고 빙빙 돌면서 팔자를 그리듯 움직이자, 개미는 최면에 걸리기라도 한 듯 꼼짝하지 못하게 되어 깡충거미에게 꿀꺽 잡아먹히는 것을 본 적이 있다. 그렇다. 깡충거미는 개미를 즐겨 먹는 거미다.

생명체를 불러들이다

물 받침대가 있으면 잠자리나 개구리가 찾아온다. 우리 집에는

밤새 집을 짓는 왕거미. ↑
다알리아를 찾아온 낯표스라소니거미. →
작은 쇠가죽파리를 포획한 흰수염깡충거미. ↓

옴개구리가 자주 출몰한다. 송사리를 몇 마리 넣고 먹이를 주지 않으면 장구벌레를 먹기 때문에 모기를 걱정할 필요가 없다. 최근에 수가 줄어들기는 했지만, 도마뱀들도 정원에서 여러 생명체를 잡아먹으며 살고 있다. 때로는 정원수의 가지를 사용해 탈피하는 듯 가지에 벗어 놓은 껍질이 걸려 있는 모습을 보기도 한다.

더 많은 생명체를 보고 싶어 정원에 곤충호텔을 만들었다. 층마다 소재를 바꾸어 솔방울이나 잔가지, 죽통 등을 넣고, 다양한 생명체를 불러들인다. 지면에는 돌이나 벽돌을 쌓아

명자꽃에 걸려 있는 도마뱀의 껍질.

파충류나 양서류의 은신처가 되도록 했다.

곤충호텔을 만든 다음부터 우리 집에는 동일본두꺼비가 둥지를 틀었고, 그 후로는 민달팽이가 줄어들었다. 동일본두꺼비는 민달팽이를 매우 좋아한다.

반려동물

'반려동물'이라 부르는 키우는 개나 고양이에 관해서도 생각해 보아야 한다.

고객의 집에서 키우던 늙은 개가 같이 살던 아버지가 제초제를 뿌린 직후에 죽었다는 이야기를 들은 적이 있다. 농약은 공기보다 무거워 지표 가까운 곳에 잘 고여 며칠간 잔류한 후 휘발하니 제초제 때문에 그렇게 된 것이 아닌가 싶다.

자재상에서 구입한 목제 수납함에 발톱을 간 고양이가 죽어 버렸다는 말도 들었다. 아마도 목재에 스며들었던 방부제나 흰개미 퇴치제 때문이었던 것 같다.

생명체를 키우는 정원에서는 화학물질을 사용할 때 반드시 주의해야 한다. 어린아이가 있는 집에서도 마찬가지다.

그러고 보니 예전에 집 근처에 보금자리를 튼 들고양이의 어미와 새끼에게 방한용 피난처가 될 만한 벤치를 만들어 준 적이 있다. 물론 자연 도료를 칠했다. 결국 고양이들은 우리 집

곤충호텔. 위부터 빈 공간, 죽통, 나뭇가지를 채워 넣고 지면에는 돌이나 벽돌을 쌓는다.
빈 공간에는 벌이 둥지를 틀지 않을까 싶었는데, 도마뱀붙이가 살고 있었다.

고양이가 되어 실내로 들어왔는데, 지역에 사는 들고양이들을 위해 이런 벤치를 여러 곳에 마련한다면, 겨울에 추위를 견딜 수 있지 않을까? 튀르키예에는 마을 공공 공간에 들고양이를 위한 호텔이 있다는 이야기를 듣고 너무나 멋지다고 생각해 놀랍고 부러웠다.

정원은 가장 가까운 곳에 있는 자연이다. 농약을 사용하지 않으면 수많은 생명체가 찾아온다. 정원의 집사가 되어 여러 생명체를 맞이해 보자.

그렇다고 자신이 좋아하는 생명체만 찾아오는 것은 아니다. 때로는 진딧물이나 차독나방같이 피해를 주는 곤충이 대량으로 발생할 수 있다. 이는 정원 생태계의 균형이 무너졌다는 것을 알리는 신호다. 이러한 경우에도 농약에 의존하지 말고, 오가닉 스프레이나 손으로 잡아 죽이는 등의 방법으로 당황하지 말고 대처한다. 그리고 바람이 잘 통하지 않는지, 천적이 적은 것은 아닌지 등 근본적인 이유를 생각해 보아야 한다.

진딧물은 무당벌레의 주식이고, 차독나방이 없으면 번식하지 못하는 벌이 있다. 어떤 곤충이든 생태계의 일부이기 때문이다.

↑ 민달팽이를 매우 좋아하는 동일본두꺼비.

↓ 정원에서 생명체와 함께 살아가는 즐거움을 누릴 수 있다.
① 사람과 고양이가 함께 사용할 수 있는 고양이 벤치. ② 박새의 자립.
③ 긴꼬리산누에나방의 유충. ④ 무당벌레의 교미.

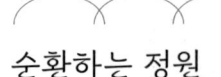
순환하는 정원

정원에서 쓰레기로 취급하던 것을 다시 이용하거나 흙으로 돌려보낼 수만 있다면 얼마나 친환경적일까. 오가닉 가든, 지구 친화적인 정원을 목표로 한다면, 누구나 수도 없이 생각해 보았을 것이다. 이렇게 스스로 마음먹었다면, 지금 바로 순환을 실천할 수 있다.

낙엽

우선 낙엽이 떠오를 것이다. 낙엽은 흙으로 돌아가기 때문에 그대로 두면 된다고 생각하는 사람이 있다. 하지만 낙엽에서 겨울을 나는 병해충이 생기게 하는 균이나 곤충도 있기 때문에 그다지 권장하고 싶지는 않다. 게다가 분해 속도도 느리다. 그래서 낙엽을 쓸어 모아 낙엽 퇴비함에 넣는다. 어느 정도 넓은 공간을 확보할 수 있다면, 모아 두기만 해도 낙엽 퇴비가 된다. 하지만 그러면 너무 지저분하고, 앞에서 설명한 대로 병해충이 발생하면 문제가 된다. 따라서 뜀틀식 퇴비함 사용을 권한다. 이것이 있으면 뒤집을 수도 있고, 최소한의 공간에서 낙엽을 퇴비로 만들 수 있다.

퇴비함은 뜀틀처럼 틀을 포갤 수 있는 상자로 만들고, 벽돌 등으로 받침대를 만들어 지면에 직접 닿지 않게 한다.① 낙엽을 넣어 가득 차면 뚜껑을 달아 한동안 놓아 둔다. 어느 정도 기간이 지나면 뒤집어 준다. 뒤집는 방법은 이렇다. 뚜껑을 열고 맨 위에 있는 틀을 살짝 분리해 옆 공간에 둔다.② 틀을 분리한 후 어느 정도 분해된 낙엽을 옆에 둔 틀 안에 넣는다.③ 그런 다음 두 번째 단을 분리해 옆에 둔 첫 번째 단 위에 놓는다. 그리고 두 번째 단 틀 안에 남아 있는 낙엽을 넣는다.④ 남은 틀도 이러한 방법으로 옆에 둔 두 번째 단 위에 올려 놓고 낙엽을 넣는다.⑤

만약 낙엽이 말랐다면 물뿌리개로 위에서 물을 뿌려 수분을 공급한다.

그런데 일본의 지렁이는 낙엽 퇴비함에는 오지만 음식물 쓰레기용 퇴비함에는 오지 않는다. 식성이 다른 듯하다. 한때 음식물쓰레기용 퇴비함에 있던 지렁이는 수입한 것이다.

두꺼비가 겨울을 날 수도 있기 때문에 일부러 정원 한구석에 낙엽을 쌓아 놓은 작은 공간을 남겨 두는 것도 좋을지 모르겠다. 두꺼비가 가장 좋아하는 먹을거리가 민달팽이라 두꺼비가 정원에 있으면 민달팽이 피해는 확실히 줄일 수 있다.

낙엽 퇴비함에 찾아온 지렁이.

음식물쓰레기 퇴비

가정에서 나온 음식물쓰레기도 버리면 그냥 쓰레기, 활용하면 보물이 된다. 수분을 머금은 음식물쓰레기를 가연성 쓰레기로 태우면, 소각로의 온도를 낮추어 다이옥신 등의 유해 물질이 더 잘 발생한다. 게다가 수분을 머금어 무거워지기 때문에 수집 단계에서도, 음식물 처리업체 등의 소각 단계에서도, 대량의 에너지가 필요해 환경 부하가 높다.

이런 음식물쓰레기도 퇴비로 사용하면 자원이 된다. 다양한 가정용 퇴비함이 있는데, 구조적으로 섞거나 수분을 조절하기 어려운 것은 음식물쓰레기가 부패해 악취가 나기 십상이다. 그리고 전동 건조식은 겉으로는 갈색을 띠고 체적도 줄어들어 퇴비처럼 보이지만, 마르기만 했을 뿐 발효되지는 않아 수분을 머금으면 곰팡이가 피거나 민달팽이가 꼬이는 경우가 있으므로 주의해야 한다.

퇴비는 미생물이 음식물쓰레기 등의 유기물을 무기물로 분해하게 해서 만들 수 있다.

미생물은 크게 호기성(산소를 필요로 하는) 미생물과 혐기성 미생물(산소를 싫어하는)로 나뉜다. 퇴비의 경우 수분이 많아 축축하면 혐기성 미생물이 번식해 '부패'되어 악취가 나고 구더기도 생긴다. 수분을 조절해 적당하게 촉촉하면 호기성 미생물이 번식해 '발효'되어 구수한 흙냄새가 난다. 호기성 미생물이 활동하려면 함수율 60퍼센트가 적당하다고 한다. 감각적으로는 적당히 습기를 머금은 흙의 감촉이 느껴져야 한다. 손으로 쥐면 뭉쳐지지만, 톡 건드리면 뿔뿔이 흩어져 손에 흙이 붙지 않을 정도다. 수분이 이보다 적으면 뭉치지 않고, 많으면 손으로 털어 내도 잔여물이 남는다. 최종적으로 퇴비는 마른 흙처럼 되기 때문에 다루기 쉽다.

미생물에 의한 분해는 발효나 부패라 하는데, 보통 발효는 사람에게 도움이 되고 부패는 사람에게 도움이 되지 않는다고들 하지만 정확히 나눌 수는 없다. 퇴비의 경우 혐기성은 부패, 호기성은 발효가 된다. 대체로 발효식품은 혐기성 미생물에 의한 것이다. 그러나 그중에는 심하게 부패한 냄새가 나는 발효식품도 있기 때문에, 받아들이는 사람의 감각에 따라 다를 수도 있다.

이 책에서는 바닥이 없는 세 개의 나무 상자를 사용해 효율적으로 뒤집을 수 있는 히키치식 퇴비함으로 호기성 미생물에 의해 '발효'된 퇴비를 만드는 간단한 방법을 소개하겠다.

① 두는 장소는 가능한 한 햇빛이 잘 드는 곳으로

처마나 차양이 있는 곳이라면 목제라도 10년 이상 간다(이러한 조건을 갖춘 우리 집에서는 20년 동안 사용하고 있고, 아직 더 사용할 수 있을 것 같다). 햇빛이 잘 들면 미생물의 활동이 활발해지기 때문에 빨리 완숙한다. 그러나 이러한 조건이 갖추어지지 않은 곳이라도 상관없다. 다다미 1장(약 1.62제곱미터)의 공간이 있으면 어디든 설치할 수 있다.

② 음식물쓰레기의 수분 제거

퇴비함에 넣기 전에 음식물쓰레기의 물은 가능한 한 제거한다. 한 번 신문지 위에 음식물쓰레기를 올려 놓으면 상당량의 물기를 제거할 수 있다.

③ 마른 흙 준비

첫 번째 상자에 음식물쓰레기를 넣고 반드시 흙을 덮는다. 흙은 잘 마른 것을 사용하면 좋다. 음식물쓰레기를 넣은 퇴비함 옆에 뚜껑이 달린 대형 양철 양동이 등을 놓고 마른 흙을

퇴비함 옆에 마른 흙을 담은 통을 두면 작업하기 편리하다.

넣어 두면, 비에 젖지도 않고 바로 흙을 뿌릴 수 있다. '뿌린다'는 것은 음식물쓰레기 전체를 살짝 흙으로 덮는 느낌이라고 생각하면 된다. 전용 '흙삽' 같은 것을 넣어 두면 편리하다.
화원 등에서 판매하는 흙 중에는 미생물 대부분이 죽은 흙(소독한 토양)도 있지만 처음에는 그래도 상관없다. 얼마 지나면 점점 미생물이 증가하기 때문이다.
구매한 배양토가 축축하다면 날이 좋을 때 돗자리 등에 펼쳐 놓고 잘 말린 후 수분을 제거한다. 그리고 음식물쓰레기에 뿌리듯 덮는다. 흙을 지나치게 많이 넣으면 수분이 너무 적어져 미생물이 활동하기 어렵다. 또 흙이 너무 적으면 벌레가 들끓는다. 적당한 흙의 양은 시행착오를 겪으며 알아 가는 것도 좋다.

④ 뒤집기로 수분 조정

첫 번째 상자가 가득 차면 다음 상자에 옮겨 담는다. 이렇게 하면 흙이 뒤집힌다. 이때 수분이 많으면 흙을 더하고, 적으면 물뿌리개 등으로 물을 더해 수분을 조절한다.
이때 너무 꽉꽉 눌러 담지 않도록 주의해야 한다. 지나치게 눌러 담아 공기가 드나들 틈이 사라지면 호기성 미생물의 활동에 악영향을 준다.

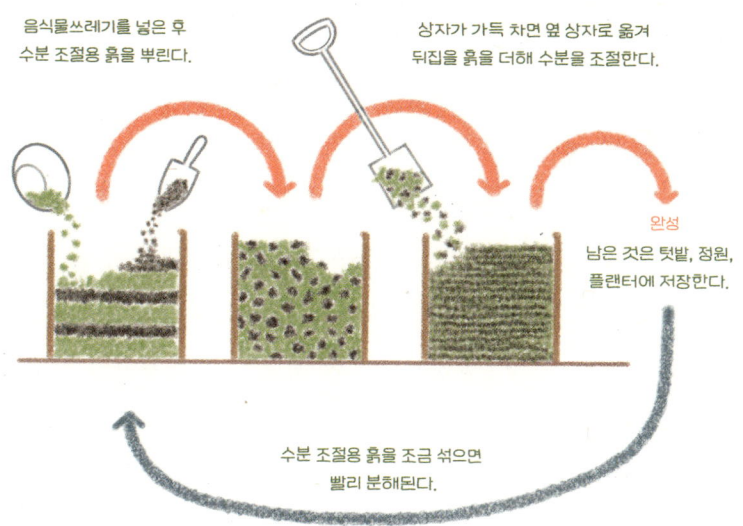

이렇게 뒤집을 때 사용하는 삽은 사각형이라 '각삽'이라 부르는
도구를 사용하는 것이 편리하다. '각삽'에는 대형과 소형 등
두 가지 사이즈가 있는데, 작은 것이 퇴비함에 잘 들어가
사용하기 편리하다.

⑤ 퇴비는 다음의 '밑천'으로 삼는다.

이렇게 다시 첫 번째 상자가 음식물쓰레기로 가득 차면, 뒤집어
놓은 두 번째 상자를 세 번째 상자에 뒤집는다. 같은 방법으로
첫 번째 상자를 두 번째 상자에 뒤집는다. 이렇게 항상 첫 번째

상자에 음식물쓰레기를 넣는다.
분해 속도가 빠른 여름 같은 때는 순식간에 세 번째 상자까지 분해가 진행되어 퇴비가 완성되는 경우가 있다. 퇴비로 바로 사용할 것이 아니라면, 배양토를 넣었던 용기에 되돌려 놓고, 뿌릴 때 필요한 흙으로 다시 이용한다. 이렇게 하면 그 집에 맞는 미생물이 번식해 분해 속도가 빨라진다. 퇴비로 계속 사용하고 싶다면 빵이나 요구르트를 만들 때처럼 한두 주먹 분량의 퇴비를 첫 번째 상자에 섞어 주면 된다.
퇴비를 따로 두고 싶은 경우에는 원예점 등에서 판매하는 흙 포대나 마대에 넣어 비가 들이치지 않는 곳에 보관한다.
또 미생물의 활동이 활발하지 않은 겨울철에는 세 번째 상자가 아직 퇴비로 분해되지 않은 경우도 있다. 이러한 때도 흙 포대에 넣어 두면, 포대 속에서 발효가 진행되어 여름까지는 완전히 숙성될 것이다.
조개껍데기나 달걀 껍질은 분해되지 않아 형태가 그대로 남지만, 길게 보면 칼슘 등의 미네랄 성분을 보급하는 원료가 된다.
흙에 뿌릴 때 그다지 눈에 거슬리지 않는다면, 퇴비함에 섞어 놓은 상태라도 전혀 지장이 없고, 신경이 쓰인다면 체에 한 번 거른 후 사용하면 된다. 체에 거르고 남은 조개껍데기나 옥수수 심지 등은 거주하는 지역의 쓰레기 수거 규정에 따라 폐기한다.

⑥ 퇴비차

완성된 퇴비를 포대에 담아, 1주일 정도 물을 담은 양동이에 넣어 추출하면 퇴비차가 된다. '차'라는 이름이 붙지만 사람이 마시기 위한 것은 아니다.

추출액을 물로 10배 희석해 잎에 뿌리면(엽면시비) 식물이 병에 잘 걸리지 않는다(자세한 제조 방법이나 살포 방법은 우리가 쓴 책 《벌레가 살고 있는 유기농정원 만들기》, 《처음 시작하는 나만의 정원수 가꾸기》 참고).

병을 방지하기 위해 이 액비를 잎에 살포할 때는 액체 비누를 한 방울 섞으면 한층 효과가 있는 것 같은데, 이때 시판하는 합성세제(화학 합성 계면활성제가 첨가된 것)는 액상이라도 액체 비누라고 할 수 없으므로 주의하자.

퇴비차는 수경 재배 등 흙을 사용하지 않는 관엽식물용 액비로도 이용할 수 있다.

계속 음식물쓰레기 퇴비함을 사용할 때 염두에 두어야 할 주의 사항을 소개하겠다.

① 봄 여름 가을 겨울, 사계절에 따라 분해 속도가 다르다.

겨울에는 미생물의 활동이 더디기 때문에 분해 속도가 10분의 1 정도로 줄어든다. 추운 지방에서는 얼어 버려 전혀 분해되지 않는 경우도 있는데, 봄이 되어 따뜻해지면 다시 미생물이 활동하기 때문에 겨울에는 미생물이 겨울잠을 자고 있다고 생각하자.

퇴비함은 가급적 햇빛이 잘 드는 곳에 두면 좋다. 그런 곳이 없다고 해도 상관없다. 분해 속도가 느려지거나 겨울에 얼어붙을 뿐, 봄이 되면 미생물의 활동이 다시 시작되기 때문이다. '가능한 한' 그렇게 하면 좋다는 의미다.

추운 지방에 사는 경우 한겨울에는 퇴비함을 사용하지 말고, 연말연시에 쓰레기 수거차가 오지 않을 동안에만 사용해도 좋다. 물론 음식물쓰레기의 양이 적은 집에서는 퇴비가 얼어붙겠지만, 그대로 사용해도 상관없다. 하지만 뒤집기와 흙 뿌리는 일만큼은 잊지 말자.

② 벌레 발생

수박이나 멜론 등 수분이 많은 음식물쓰레기가 늘어나는 여름철에는 구더기나 파리가 많이 발생한다.
구더기(대부분 동애등에의 유충)가 생기면 수분이 많다는 신호로 여겨, 흙을 다소 많이 넣고 뒤섞어 주면 죽어 버린다. 그리고 아주 작은 파리(날파리 등으로 불리는 것)가 발생하는 경우도 있지만, 특별히 신경 쓰지 않아도 된다. 집 안에서 음식물쓰레기가 사라지면 들어오는 일도 거의 없고 얼마 지나면 다 사라진다.

대처 방법은 흙을 뿌리는 것이다. 그래도 아직 남아 있다면 다시 흙을 좀 많이 뿌려 준다. 이를 반복하면 보통 2~3일 안에 사라진다. 퇴비의 일부가 되어 줄 죽은 구더기를 치울 필요는 없다.

흰 곰팡이가 필 때도 있는데, 대부분 방선균(흙 속이나 마른풀 따위에 기생하는, 세균과 곰팡이의 중간적 성질을 지닌 미생물. 균사菌絲 같은 것을 사방으로 내놓으면서 퍼져 방사균이라고도 한다)이기 때문에 걱정하지 말고 흙을 덮어 조금 섞어 준다.

방선균은 생태계에서는 낙엽 등 유기물의 분해나 물질 순환과 관련해 커다란 역할을 담당한다. 음식물쓰레기에 녹색 곰팡이가 발생하는 경우도 있는데, 이 또한 문제 될 것이 없다. 흙을 문질러 상태를 살펴본다.

③ 퇴비에 자주 발생하는 생명체

이러한 벌레는 분해를 촉진하거나 바퀴벌레 같은 작은 벌레를 잡아먹기 때문에 죽이지 말고 그냥 지켜보았으면 좋겠다. 히키치식 퇴비함은 나무로 되어 있지만 잘 썩지 않는다. 이는 나무를 썩게 하는 부후균이 음식물쓰레기를 분해하는 다양한 균 때문에 잘 번식하지 못하기 때문인 것으로 보인다.
하얗고 작은 벌레가 뚜껑 뒤 축축한 곳에 한가득 생기는 경우도 있는데, 흰개미는 아니다. 흰개미는 눈으로 보면 확실히 알 수 있을 만한 크기이기 때문에 아래의 사진을 참고하자.

① 공벌레(분해). ② 쥐며느리(분해). ③ 개미(분해·균이나 벌레를 포식). ↑
④ 딱정그리마(바퀴벌레 등 작은 벌레 포식). ⑤ 딱정그리마의 탈피. ⑥ 노래기(분해).
흰개미(죽은 나무를 먹는다). ↓

게다가 흰개미는 다른 생물과 접촉하는 것을 싫어하기 때문에 퇴비함에 접근하는 일은 거의 없다.
그리고 첫 번째 상자는 쉽게 흠집이 나기 때문에 가끔 세 상자의 순서를 번갈아 바꾸어 주면 오래 사용할 수 있다.

빗물 저금통

빗물도 순환에 이용할 수 있는 자연물이다. 이를 담아 둘 수 있는 빗물 저금통을 만들어 두면 일상적으로 물을 줄 때나 재해 등 비상시에 도움이 된다. 이에 관해서는 '물을 즐기는 정원' 장(157쪽)에 자세히 설명했으니 이를 참고하자.

바이오네스트 bio-nest

정원에 공간이 다소 있는 경우, 바이오네스트도 권장할 만하다. 가지치기한 나뭇가지를 새집 모양으로 쌓아 올려 두면 퇴비를 만드는 동시에 곤충이나 작은 동물의 안식처로 활용할 수 있다. 잘린 나뭇가지를 정원 한구석에 쌓아 두는 것보다 보기에도 좋고, 생물이 드나들거나 흙으로 되돌아가는 모습을 즐길 수도 있다. 친구들과 함께 만들면 재미있는 이야깃거리가 될 것이다. 한 가지 주의해야 할 점은 흙으로 되돌아가려면 몇 년이 걸리기 때문에 매년 같은 곳에 쌓아 두기 어렵다는 점이다. 가능하다면

바이오네스트 만드는 방법과 경과 ①
우선 원형으로 두꺼운 가지를 세우고 가지치기를 한 것을 엮듯이 쌓는다. ↑
쌓아 올린 직후의 모습. ↓

바이오네스트 만드는 방법과 경과 ②
↑　쌓아 올린 직후의 모습.
↓　1년 후. 주위의 풀이나 담쟁이덩굴에 침식되기 시작했다.

매년 다른 곳에 새로운 바이오네스트를 만들어야 빨리 퇴비로 만들 수 있다. 같은 곳에서 퇴비를 만들고 싶다면, 틀 등을 만들어 퇴비장으로 사용하면 그냥 쌓아 두는 것보다 훨씬 더 정돈된 느낌을 준다.

바이오네스트는 우리도 막 시작한 단계로, 경과를 지켜보는 중이다. 앞으로 어떤 결과가 나올지 기대된다.

화장실

화장실도 순환한다고 하면 놀랄지도 모르겠다. 물로 흘려보내는 화장실에 길들여진 현대인은 상상하기 어려울 수도 있지만 미생물의 힘을 빌려 배설물을 흙으로 돌려보내는 퇴비 화장실도 있다. 퇴비로 만들 수 있는 배설물은 정원의 순환을 가능하게 하는 방법이 된다. 정원에 화장실이 있으면 작업화나 장화같이 벗기 힘든 신발을 신어도 불편 없이 용변을 볼 수 있어 집중력을 잃지 않고 정원 일을 할 수 있다. 그리고 집 안의 수세식 화장실은 재해 등으로 단수나 정전 사태가 발생하면 사용할 수 없다. 물을 미리 길어다 놓는 식으로 대처할 수도 있지만, 퇴비 화장실이 있거나 야외에서 용변을 볼 수 있다면 한층 마음이 든든할 것이다.

요즘은 용변을 본 후 톱밥 등을 넣고 핸들을 돌리기만 하면 되는 바이오 화장실도 있다. 하지만 나름대로 비용이 들기 때문에, 정원에 공간이 있다면 구덩이를 파고 그 안에 용변을 보는 것이 가장 손쉬운 방법이다.

이때 화장지는 사용하지 않는다. 화장지에는 부드러우면서도 잘 찢어지게 하려고 첨가물이나 계면활성제를 사용한다. 게다가 좀처럼 흙으로 되돌리기 어렵다. 그래서 '순환'과는 어울리지 않는다. 어쩔 수 없이 화장지를 사용해야 할 때는 가연물로 별도 처리한다.

이 대목에서 잎사귀가 중요하다. 머위(후키, ふき)는 엉덩이를 '닦다(후쿠)'에서 '닦기(후키)'라는 이름이 되었다는 설이 있다. 식물 중에는 이처럼 '엉덩이 닦기'에 적합한 잎사귀도 많고, 화장지 이상으로 촉감이 좋은 것도 있다. 이러한 식물이 정원에서 자라게 하는 것이 중요할지도 모르겠다.

권장할 만한 나무는 은백양이다. 이 나무의 잎사귀는 촉감이 매우 좋다. 다만 번식력이 왕성해 커다란 나무가 되기 때문에 정기적으로 가지치기를 하고 발아한 모종을 뽑아 버려야 한다. 이 밖에 헬리안투스 아르고필루스 *Helianthus Argophyllus*, 램스이어 *Stachys byzantina* 같이 잎이 벨벳 느낌을 주는 식물이 적합한 것 같다. 겨울에는 어떻게 해야 할지 묻는 사람이 있을지도 모르겠다. 여름철에 자란 큰비비추 *Hosta*의 잎을 말려서 보관해 두면 겨울에도 사용할 수 있다.

잎사귀는 수세식 화장실에 흘려보내면 막히는 원인이 되기 때문에 수세식에는 사용하지 않는다. 흙으로 돌려보낼 경우에 사용할 수 있는 방법이라는 사실을 잊지 말자. 이자와 마사나 씨의 책 《잎사귀 응가를 시작해 보자》에 자세한 내용이 나와 있으니 참고하자.

화장지 대신 사용할 수 있는 머위 잎.

용변을 볼 때마다 파는 것도 좋고, 한 곳을 몇 번씩 사용할
경우 어느 정도 깊이 판다. 가득 차면 흙을 덮고 다른 곳에
다시 만든다. 어떠한 경우든 다음번에 같은 곳을 파지 않도록
가지 등으로 표시해 둔다. 그리고 수세식 화장실의 물을 빗물로
대체하는 방법도 있다. 이를 '중수 이용'이라 한다. 정화조에서
염소를 사용하지 않고 미생물이 분해하게 해 배수를 지중
배관에서 땅속으로 스며들게 하는 방법도 있다.

균류

마지막으로 버섯류 이야기를 하고 싶다.

정원수에 버섯이 생기면 나무가 마를까 봐 걱정하는 사람이
있다. 하지만 버섯이 나무를 시들게 하지는 않는다. 나무가
약해져 성장하지 않거나 더디게 성장 해 버섯이 자라난 것이다.
약해진 정원수를 분해자인 균류가 흙으로 되돌려 보내려 하는
것이다. 나무도 생명체이기 때문에 당연히 수명이 있다. 그러니
억지로 버섯을 뽑아내지 말고 지켜보자. 우리에게는 자연계의
현상을 그저 받아들이는 자세도 필요하다.

버섯이 빽빽이 자라난 나무는 2~3년 정도 지나 시들어 버리는
경우가 있다. 길가 등 장소에 따라서는 위험하니 쓰러지기 전에
잘라 낼 필요가 있다.

버섯이 나무를 시들게 하지는 않는다.
버섯은 약해진 부분에 생기는 분해자다.

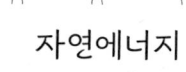

자연에너지
지구의 힘을 빌리다

정원 등이 있으면 밤에 문득 정원이 궁금해질 때 창에서 보여 안도감이 들 때가 있다. 그러나 집 안도 아닌데 전기를 사용하는 것이 왠지 죄스러운 마음이 들기도 하고, 너무 사치를 부리는 듯한 기분이 드는 사람이 있을지도 모르겠다. 이럴 때 자연에너지인 풍력발전이나 태양광 패널이 도움이 된다. 태양광발전의 원리가 발견된 것은 19세기 중엽 무렵이다. 그 후 1950년대에 미국 인공위성에 태양광발전이 실제로 사용되었고, 일본에서는 1973년 오일쇼크 이후 화석연료 고갈을 우려하는 목소리가 나오면서 주목받기 시작했다. 그리고 1986년 체르노빌 원자력발전소 사고가 발생하고 전 지구에 방사능 오염이 발생하는 사건이 일어났다. 그 전부터 석유화학 제품이나 배출물이 유발하는 환경오염이 인체나 생태계에 미치는 악영향, 화석연료에서 배출하는 이산화탄소가 원인이 되는 지구온난화 등의 문제가 대두했는데, 이를 계기로 재생에너지를 향한 관심이 한층 더 높아졌다. 그리고 태양광 패널은 일본에서는 2000년 정도부터 점차 일반에 보급되었다. 태양이나 바람은 항상 우리 곁에 있다. 동일본대지진이 일어난 후, 이러한 것들을 효율적으로 활용하려는 사람들이나 단체가 증가했다. 화력이나 수력, 원자력 등이 아니라 보다 지역적인 열원을 갖추는 것이 좋다거나, 오히려 지역과 밀착된 에너지원이 재해에 좀 더 강하지 않을까 하는 생각이 확산되고 있다. 하지만 일부러 산을 개척해 자연을 파괴하며 대규모 태양광발전 시설을 만드는 것이 토사 재해나 동식물에 악영향을 끼치는 등 다양한 환경 파괴를 일으키는 것이 현실이다. 경제성을 우선시하면 환경을 보호하는 방법이 오히려 환경을 파괴할 수도 있다.

가능한 한 스스로 에너지를 조달하는 일이 우리 생활에 뿌리를 내려 지역과 사회가 자연에 피해를 주지 않는 방법을 찾는 쪽으로 바뀌어 가면 좋겠다.

태양광 패널

우리 집에는 안방 지붕에 태양광 패널(140W) 두 개를 설치해, 골프 카트용 중고 배터리에 축전해 사용하고 있다. 전력 회사의 배선과 연결되지 않은 독립적인 에너지원이라 직류 12V를 정원 조명에 사용하고 있다. 컨트롤러로 해가 질 때부터 시간을 설정해 켜고 끌 수 있다. 인버터를 이용해 교류 1000V로 변환할 수 있기 때문에 정전 시 비상용 전원도 된다. 우선 냉장고를 연결하고 TV 연속극도 빼놓지 않고 볼 수 있다.

전력 판매(전력 거래)는 태양광 시스템을 전력 회사의 배선과 연결해 잉여 발전량을 판매하는 구조다. 다만 기본적으로 정전이 되었을 때 태양광 패널의 전기도 사용할 수 없는 경우가 있어 축전 시스템을 구비해 두는 것이 좋다.

지금은 태양광 패널과 관련해 다양한 시스템이나 제품이 나오기 때문에 일상적으로도 비상용으로도 간편하게 사용할 수 있는 것을 선택하면 된다.

태양광 패널이 태풍 등으로 떨어져 나갔다면, 빛이 공급되면서 발전되기 때문에 아무 생각 없이 만지면 감전될 우려가 있다는 사실을 꼭 기억하자. 패널이 파손된 경우나 폐기할 때 납이나 카드뮴 등의 유해 물질이 유출될 가능성이

밤을 밝힐 수 있는 정원 등도 자가 발전한 전기를 사용하면 낭비를 줄일 수 있다.

있다는 점도 명심해야 한다. 쾌적하고 안전하게 사용하기
위해서라도 보수나 폐기는 확실하게 해야 한다.

태양 온수기

지금은 거의 찾아볼 수 없지만, 지붕 위 집열기를 통해 물을
태양광으로 데우는 직접적인 방법이 있었다. 부동액 등을
사용하는 현재의 태양 온수기보다 효율적으로 보이지만, 태양광
패널에 자리를 빼앗긴 듯 자취를 감추었다. 태양광 전기로
데우는 것이 시스템 전체적으로 보면 더 효율적이지 않을까.
간단히 태양열을 이용할 수도 있다. 햇볕이 잘 드는 높은
곳(창고 위 등)에 물을 담은 비닐 탱크 등을 놓고 물을 데워,
호스를 연결하면 아이나 반려동물을 위한 온수 샤워가
가능하다. 해가 잘 드는 곳의 비닐 풀장은 온수 풀장이 된다.
이것도 태양광 에너지를 이용한 것이다. 다만 너무 더운 날
등에는 수온이 상당히 높아지기도 하니 화상을 입지 않도록
주의하자.

축열 타일과 선룸

늘 내리쬐는 태양광을 태양광 패널과 온수기에만 사용하지
말고 난방에도 이용해 보자.

예를 들어 해가 잘 드는 남향 창과 면한 바닥에 축열 타일을 깔면, 겨울에도 밤까지 실내를 따뜻하게 유지할 수 있다. 선룸이라면 보다 적극적으로 태양열을 모을 수 있다. 유리나 벽을 단열 구조로 시공해 바닥의 타일 밑에 콘크리트 등의 축열 층, 그 아래를 단열층으로 하면 축열 효과를 높일 수 있다. 축열 효과가 뛰어나다는 것은 비열(물질 1그램의 온도를 1도 올리는 데 드는 열량과 물 1그램의 온도를 1도 올리는 데 드는 열량과의 비율)이 높다는 뜻이다. 비열이 낮은 공기는 금세 따뜻해지고 금세 식는다. 비열이 높은 타일이나 콘크리트는 더디게 따뜻해지고 잘 식지 않는다.

계절에 따라 태양고도, 즉 실내로 햇살이 들어오는 정도가 다르기 때문에, 처마나 차양의 깊이와 높이를 조정할 수 있게 하는 것이 좋다. 겨울의 짧은 햇살은 될 수 있는 대로 실내 깊은 곳까지 들어오도록 유도해 태양열을 모으고, 여름의 긴 햇살은 실내로 들어오지 못하게 해 더위를 피한다. 축열 바닥은 날씨의 영향을 받기 때문에 장작 난로나 바닥 난방과 함께 사용하면, 보다 효율적으로 난방 효과를 얻을 수 있다. 겨울과는 반대로 여름에는 일단 식으면 잘 데워지지 않기 때문에 통풍이 잘되게 하거나, 낙엽수의 나무 그늘 또는 차양을 이용하는 법, 빗물 저금통을 이용해 정원에 물을 뿌리는 방법을 함께 사용하면 자연스럽게 시원해진다.

이렇게 태양광을 조절해 사용하면 겨울과 여름 모두 광열비를 절약할 수 있다.

장작

장작도 알고 보면 태양광 에너지다. 나무는 태양광을 이용해 광합성을 해서 커다랗게 자란다. 그리고 장작이나 숯이 되어 에너지가 된다.

나무는 대기 중의 이산화탄소를 흡수하며 자라기 때문에 태워서 이산화탄소가 배출되어도 계산상으로는 온실가스

태양광 에너지를 사용하는 장작은 장기간 보관할 수 있다는 것도 이점이다.
보관할 때는 비가 들이치지 않도록 지붕 등으로 덮어 놓는다.
위의 사진은 카누를 지붕으로 이용하는 모습이다.

배출 플러스 마이너스 제로다. 장작은 2년 정도 두고 잘 말리면 연기가 잘 나지 않는다. 자세한 내용은 '불을 즐기는 정원' 장을 참고하자(150쪽).

솔라 쿠커

솔라 쿠커는 태양광을 이용해 물을 끓이는 도구다. 스테인리스스틸 반사판이 파라볼라안테나(전파의 반사면에 포물면을 사용한 지향성 안테나)처럼 반구 모양으로 되어 있다. 파라볼라의 반사판으로 집광된 초점 위치에 받침대가 있어 냄비나 주전자를 올려놓을 수 있다. 맑은 날이라면 직경 20센티미터 정도의 냄비에 80퍼센트 가량 채운 물을 20분 만에 끓일 수 있다. 물론 조리도 가능하다.

태양에 똑바로 향하게 하려고 가이드가 되는 2센티미터 정도의 나사가 세워져 있고, 태양을 향해 나사 그림자가 생기지 않도록 나사 머리를 조정하면 파라볼라의 반사판이 태양광을 중심으로 모아 냄비를 가열한다. 열효율을 유지하려면 태양의 움직임에 맞게 자주(15분 정도마다) 각도를 조정하는 것이 좋다. 다리가 조립식이라 각도를 조정할 수 있으며, 냄비를 놓는 받침대는 항상 수평이 되게 할 수 있다.

설치 작업을 할 때 태양·반사광을 직접 보지 않도록 주의해야 한다. 작업 중에는 선글라스를 착용하는 것이 좋다.

열효율은 여름철이 가장 좋을 것 같지만, 똑같이 맑은 날이라면 겨울이 더 좋다. 태양고도가 낮아지는 겨울에는 각도를 조정해 태양을 똑바로 향하게 할 수 있기 때문에 여름도 겨울도 받아들이는 광선량을 동일하게 할 수 있다. 오히려 겨울이 대기의 수증기량이 더 적고 맑기 때문에 태양에너지를 많이 받을 수 있다. 다만 여름철이 기온도 수온도 높기 때문에 조건에 따라 실제로 끓어오르는 시간은 달라진다.

겨울에 따뜻한 양지에서 솔라 쿠커로 티타임을 가져 보는 것은 어떨까?

태양열을 반사판에 모아 이용하는 솔라 쿠커.
날만 맑으면 계절과 상관없이 사용할 수 있다.

풍력발전

바람, 빗물이나 강물의 순환도 태양의 힘에 의한 것이다. 태양광 때문에 지면이나 수면의 온도가 올라 온도 차이가 발생하고, 대기 팽창이나 압축에 따른 기압 변화 때문에 기압이 높은 곳에서 낮은 곳으로 바람이 분다. 식물의 증산작용(식물체 안의 수분이 수증기가 되어 공기 중으로 나오는 현상), 강이나 호수나 바다에서 수분이 증발해 수증기가 되어 바람에 실려 구름이 되는 것 모두 태양광 때문이다. 지구상의 수분은 태양광에 의해 비나 구름이 되어 대지와 바다로 되돌아간다. 바람과 물은 지구를 감싸듯 계속해서 돌고 돈다.

바람의 힘은 예로부터 이용되어 왔다. 고고학적 기록에 따르면, 기원전 3000년 무렵에 이집트에서는 바람의 힘으로 움직이는 배, 즉 범선을 실용화했다고 한다. 그 후 발전을 거듭해 대형 범선이 대양을 건너 좋든 싫든 세계를 하나로 연결했다.

풍차는 기원전 3600년에 이집트에서 관개용으로 사용되었다고 전해진다. 10세기 무렵부터 이슬람권이나 중국에서 풍차를 동력으로 이용했고, 이 풍차는 유럽으로 전파되었다. 풍차는 18세기 무렵부터 네덜란드에서 간척지 배수에 사용되었고, 19세기에는 미국 중서부에서 다익형(멀티블레이드형) 양수 풍차를 만들어 목장의 관개용수나 가축이 마실 물을 퍼 올릴 때 널리 사용했다. 서부극에서도 가끔 볼 수 있는 이 풍차는 수출도 되어 모로코 등에서 먹는 물을 확보하는 데 사용하기도 했다. 그 후 산업혁명이 일어나 화석연료 동력이 등장하면서 풍차도 범선도 쇠퇴하게 되었다. 그러나 풍차의 원리는 지금은 재생에너지의 중요한 요소 중 하나인 풍력발전으로 이용된다.

풍력발전기도 가정에서 사용할 수 있는 소형 제품이 다양하게 나오고 있다. 소형 제품은 발전량이 한정되어 있으니 주된 용도가 아닌 태양광발전의 보조적 사용이나 긴급할 경우 사용한다. 소형 태양광 패널과 마찬가지로 축전지와 함께 한정적으로 일부 조명이나 환기팬용으로 사용할 수 있다.

풍력발전기는 크게 바람을 맞는 날개의 회전축이 수직형인 것과 수평형인 것으로 나뉜다. 흔히 볼 수 있는 것은 해안가나 해상에 설치된 대형 풍력발전기로, 날개가 비행기의 프로펠러처럼 돌며 수평축을 회전시켜 발전기를 구동하는 방식이다. 소형 제품의 경우 항상 바람이 불어오는 쪽으로 향하게 하려고 비행기의 수직 꼬리날개처럼 날개를 붙여 풍향계같이 바람이 부는 쪽을 향하게 한다. 대형 제품의 경우 풍향계를 사용해 동력으로 바람이 부는 쪽을 향하게 한다. 대형 제품은 인가 근처에서는 저주파 진동이나 바람을 가르는 소리가 문제가 된다. 또 새가 프로펠러와 충돌하는 '버드

스트라이크'가 일어날 가능성이 있는 지역에서는 생태계에 미치는 영향이 우려된다. 대형·소형을 불문하고 프로펠러식은 태풍 같은 강풍이 원인이 되는 고회전으로 날개가 파손되는 것을 방지하기 위해 브레이크로 정지하거나 바람의 방향에서 벗어나게 해 회전을 제어하는 기구가 필요하다.

수직축형 풍력발전기는 여러 개의 날개가 수직으로 위치한 것으로, 바람의 방향에 관계 없이 전기를 생성할 수 있다는 장점이 있다.

베를 짤 때 사용하는 목제 실감개 같은 모양으로 되어 있다. 블레이드(날개)의 앞면은 바람을 맞이하는 형상이고, 뒷면은 바람을 놓아주는 형상으로 이루어져 있다. 앞면과 뒷면의 공기 저항 차이로 빙글빙글 돈다. 어떤 방향에서 바람이 불어와도 똑같이 돌기 때문에 바람의 방향을 맞추는 기구가 필요 없고, 발전기를 수직 회전축 아래쪽에 설치하기 때문에 구조가 간단하다. 수평축형보다 약한 바람으로 기동하고, 구동음도 작으며, 강풍이 불 때도 회전속도가 많이 증가하지 않는다. 발전 효율은 수평축형보다 떨어지지만, 마을 내에서 태양광 패널과 조합해 가로등 등에 사용한다. 기종에 따라 블레이드가 구부러진 것이나 나선 모양, 조개껍데기를 포개 놓은 듯한 형상 등 다양하고, 저마다 발전 효율이나 특성도 다르다.

최근에 스페인에서 개발된 풍력발전기에는 프로펠러도 블레이드도 없다. 바람을 맞아 회전하는 부분이 없는 것이다. 높이 2.7미터의 로켓과도 같은 원통형으로 되어 있다. 하부는 고정되어 있고 상부가 흔들리게 되어 있다. 물체에 바람이 닿아 발생하는 주파수와 그 물체의 고유 진동수가 일치하면 공진해 진폭이 증폭하는 와류 진동이라는 현상을 이용해 발전한다. 발전기 본체에는 변화하는 바람에 맞게 고유 진동을 조정하는 기능이 있고, 내장된 코일과 자석으로 발전한다. 구조 면에서 다른 풍력발전기에 비해 가동부가 적고 간단해서 제조·유지·보수·폐기 비용이 저렴하고, 크게 만들어도 저주파나 바람을 가르는 소리, 버드 스트라이크 문제가 없다고 한다. 일본에서는 어떤 형태로 보급될지 기대된다. 가끔 바람도 별로 없고 나무 전체도 거의 흔들리지 않는데 한 곳만 가지 끝이 가느다랗게 세차게 움직이고 있는 모습을 보곤 한다. 그 가지 끝이 바람과 공진하는 것일까?

차양과 바람막이

녹음을 조성하면 태양광이나 바람을 조정할 수 있다. 집 남쪽에 낙엽수가 있으면 여름에는 우거진 잎이 뜨거운 햇살을 막아 주고, 겨울에는 잎이 떨어져 따스한 햇살이 집 안으로 들어오게

해 준다. 나무 그늘을 만들어 내는 가지와 잎은 크고 작은 비슷한 것들이 반복된다. 이를 프랙털fractal(일부 작은 조각이 전체와 비슷한 기하학적 형태) 구조라 하는데, 지붕이나 넓은 천이 만들어 내는 단순한 그늘보다 온도를 낮추는 효과가 있다. 또 식물의 잎은 증산작용으로 온도를 낮출 수 있다.

태양광은 우리에게 헤아릴 수 없을 만큼 커다란 은혜를 베풀지만, 열사병은 주의해야 한다. 음지를 찾아 작업하거나 아침저녁으로 서늘할 때를 골라 너무 오래 일하지 않는 것도 중요하다.

예로부터 바람이 강한 지역에서는 높다란 생울타리를 바람막이로 이용했다. 생울타리로는 바람을 완전히 막을 수 없지만, 바람 세기를 약하게 해 주기는 한다. 콘크리트나 벽돌로 만든 담장이면 빌딩풍같이 돌아 들어간 바람이 오히려 강해지거나 시든 잎이나 눈이 날려 쌓이게 된다.

완전하게 막지 않는 바람막이 중 하나는 제주도의 돌담이다. 제주도에서는 이 틈 있는 돌담을 집 주위나 밭 가장자리에 둘러친다. 화산섬인 제주도에는 현무암이 풍부하다. 표면이 까슬까슬하고 울퉁불퉁하며 수박 정도 크기인 검은 현무암을 주먹 크기만큼 틈을 만들면서 가슴 높이 정도까지 쌓아 올린다. 구멍이 숭숭 뚫린 것처럼 보이는 이 돌담의 모습은 당장이라도

집 남쪽에 낙엽수를 심으면 계절에 따라 실내 기온 조절에 도움을 준다. ↑

사진_야마키 히데후사

바람이 잘 통하는 제주도의 돌담. ↓

쓰러질 것 같지만, 의외로 까슬까슬하고 울퉁불퉁한 것이 잘 맞물려 오랫동안 비바람을 견뎌 낸다. 틈새로 바람이 빠져나가 강한 바람으로부터 돌담을 보호하고, 바람을 약하게 해 밭의 흙과 농작물을 보호해 준다.

수력발전

수력발전의 기원은 기원전 2세기까지 거슬러 올라가고, 물레방아는 소아시아(현재 튀르키예공화국 근방)가 발상지로 알려져 있다. 그 후 수력발전은 세계 각지로 전파되어 관개나 제분을 위한 동력으로 이용되어 왔다. 과거 일본의 시골에서도 물레방아는 익숙한 도구였다.

수력발전이라 하면 커다란 댐을 떠올리기 십상인데, 지금은 소형 수력발전기가 많이 사용된다. 물에 약간 잠기기만 하면 사용할 수 있는 것이나 배관 중간에 설치하는 것, 용수로에 설치할 수 있는 것 등이 있다.

일본은 크고 작은 하천이나 못, 용수로 등이 많아서 좀 더 이용해도 좋을 것 같은데, 그다지 많이 보급되어 있지 않다. 하천법과 관련 있는 수리권 등 법적 절차가 복잡하기 때문이다. 게다가 취수 부분이 흘러온 가지나 잎 등으로 막히지 않도록 항상 유지·보수해 주어야 한다. 하지만 태양광발전을 위한 일조나 풍력발전을 위한 바람에 비하면, 물의 흐름은 안정적이고 날씨에 상관없이 전기를 만들 수 있다. 조건만 허락한다면 소형 발전 설비로 보조적으로 사용하거나 위급한 경우 도움이 될 것이다.

수력을 사용하는 발전 설비를 설치할 때는 법적 절차가 필요하다.

보스니아 헤르체고비나의 커뮤니티 가든

보스니아 헤르체고비나에서는 1992년부터 3년 반에 걸쳐 내전이 이어져, 25만 명 이상이 생명을 잃고 200만 명 이상이 난민이 되었다고 한다. 과거에는 여러 민족이 섞여 사이좋게 지냈지만, 전쟁이 끝난 후 민족에 따라 서로 뿔뿔이 흩어져 살게 되었다.

이러한 와중에 2000년 커뮤니티 가든 프로젝트가 시작되었다. 이 프로젝트의 콘셉트는 여러 다른 민족의 사람들이 참여해 분쟁이 좀 더 치열했던 지역 근방에 커뮤니티가든을 만드는 것이었다.

처음에는 "난 세르비아인이다", "나는 보스니아인(무슬림)이다"라고 보란 듯이 말하던 사람들이 함께 힘을 모아 일하게 되면서, 민족이 아닌 "나는 정원사다"라고 말하기 시작했다고 한다.

적으로 만난 사람들이 함께 일하며 아픔을 공유하고 서로를 이해하게 된 것이다. 적이었던 두 사람은 "지도자의 말에 따라 행동한 결과, 서로 죽이고 미워하게 되었다"며, 똑같은 경험을 나누며 놀랐다고 한다.

그리고 전쟁으로 아들을 잃고 서로를 증오하던 다른 두 민족의 여성은 정원 일을 하면서 고통을 공유하고, 다른 사람들은 이해하기 힘든 경험을 나누며 서로 위안을 얻었다.

이러한 예는 커뮤니티 가든이 얼마나 사람들의 유대감을 돈독하게 하는지 여실하게 보여 준다. 그뿐만 아니라 커뮤니티 가든에서 재배한 채소는 전후 식량 부족 해소에 커다란 도움이 되었다고 한다.

불을 즐기는 정원

최근에는 모닥불 피우는 것이 금지되어, 뭔가를 태우면 소방서에 신고가 들어갈 수도 있다. 예전에는 풍로가 일반적인 가정 상비품이어서 뭉게뭉게 연기를 피우며 꽁치 등을 구워 먹었다. 아직도 애호가가 많은 것 같다. 요즘은 캠핑 붐도 일었으니 불을 피우는 즐거움에 새롭게 눈을 뜬 사람도 많지 않을까 싶다.

주말에 먼 곳으로 캠핑을 갈 수도 있겠지만, 정원에서 캠핑을 즐기며 일상에서 탈출해 보는 것도 멋진 일이다. 텐트를 치고 유성을 관찰할 수 있도록 정원에 야외용 화목 난로나 파이어 플레이스, 화덕 등을 갖추면 한층 더 즐거울 것이다.

불을 피우는 장소

우리가 생각해 낸 야외용 화목 난로는 두께 3밀리미터 철판을 이중구조로 만든 것으로, 사용 후 뚜껑을 확실하게 덮어 숯불이 남아 있어도 바람에 날려 튀지 않게 되어 있어 안전하게 사용할 수 있다. 모양은 바비큐 화로와 비슷하지만, 바비큐 화로라 단정하면 용도가 한정되니 '야외용 화목 난로'라 부른다. 작은 모닥불을 피워 불만 즐겨도 되고, 물을 끓여 차를 마시는 것은 물론 바비큐나 요리를 하거나, 고구마를 구울 수도 있다.

파이어 플레이스는 지면을 조금 파서 가장자리를 벽돌 등으로 에워싸, 주변에서 빗물이 흘러드는 것을 막아 준다. 그리고 금속 등 내화성 뚜껑을 덮는다. 이 또한 숯불이 튀거나 물에 젖는 것을 방지하기 위해서다.

화덕은 본격적인 것이 아니어도 소형 제품이라면 석재나 벽돌을 조립해 사용할 수 있는 키트를 마트 등에서 구입할 수

← 우리 집 피자 화덕.
→ 높이화단과 조합해 만든 야외용 난로.

있다. 작으면 작은 대로 즐길 수 있을 것 같지만 사실 사용해 보면 어느 정도 큰 것을 원하게 될 것이다. 피자를 굽는다면 최소 직경 20센티미터 정도는 되어야 잘 들어가기 때문이다. 빵은 남은 열로 구우니 가마의 두께와 크기를 맞추어야 한다. 우리 집에서는 집 흙벽 만들 때 사용하고 남은 흙으로 가마를 만들었다. 사람이 많이 놀러 올 때나 이벤트 등을 할 때 차례차례 구워져 나오는 피자는 인기 만점이다. 친구도 개성 넘치는 가마를 만들어 '어스 오븐'이라 부른다.

장작

무엇을 사용해 태우든 장작은 침엽수, 활엽수 상관없이 잘 말린 것을 사용하면 연기는 그다지 많이 나지 않는다. 장작 난로에 사용할 장작은 2년 정도 말린 것이 좋다고 한다.
어떻게 사용하느냐에 따라 장작 양이 달라지지만, 우리 집의 경우 2년 치 분량은 차량 한 대를 주차할 수 있는 주차장 양옆에 한쪽 2열로 높이 1.8미터 쌓을 정도의 양이 필요하다. 참고로 장작 난로에 사용하는 장작은 활엽수가 좋다고 한다.
비상용이나 취미용으로 사용할 양은 보관할 곳을 걱정할 필요 없을 정도의 양이면 될 것 같다. 펜스 겸용으로 장작을 보관해도 좋고, 틀이 없어도 장작만 깔끔하게 쌓아 올리면 마치

오브제처럼 보기에도 좋다.

쌓아 놓은 장작은 비에 젖지 않도록 지붕을 얹는다. 지붕은 널빤지나 삼나무 껍질, 함석이나 다른 지붕재 등 뭐든 상관없지만, 바람에 날아가지 않도록 해야 한다. 바로 위에서 내리는 빗물만 피할 수 있으면 되고, 들이치는 빗물에 젖는 것은 크게 문제 될 것이 없다. 시트 등으로 감싸면 곰팡이가 필 수 있다. 항상 어느 정도 양의 장작을 보관해 두면, 재해 등으로 외부와 단절되었을 때 몸을 녹이거나 음식을 조리할 수 있다.

쓰치야 준코의 집에서 본 장작 스위스 쌓기|Holzhausen. 오두막 모양으로 장작을 쌓아 올렸다.
사진_와쿠이 미치오

장작은 구입할 수 있지만, 시기에 따라 품절되는 경우도 있으니 주의한다. 스스로 패서 사용할 경우 재료 구입처, 장작을 패는 장소, 도구나 기계, 그리고 각오가 필요하다. 장작을 모으기 위해 소형 운반 트럭을 구입한 사람, 도끼로 패며 공을 들이는 사람, 사슬톱이나 장작을 패는 연장을 전동으로 할지 엔진 달린 것으로 할지 고민하는 사람. 이들 모두 장작 패기를 가장 우선순위에 두지 않더라도, 상당히 우위에 두어야 하는 경우가 생긴다. 장작 난로를 즐기는 생활을 '장작 패기 인생'이라 말하는 사람도 있다.

불 피우기 도구

불을 피우기 위한 도구나 자재도 잊지 말아야 한다. 라이터는 사용하기 간편하지만 기온이 낮으면 가스가 기화되지 않아 불이 잘 붙지 않는 경우가 있다. 부탄가스 등도 마찬가지다. 추운 지역에서는 한랭지 대응 기구를 마련해 두면 좋다. 예비로 방수 성냥이나 부싯돌, 아이들의 실험 세트 같은 불 피우기 키트도 도움이 될 수 있다.

젖어도 불이 붙는 파라핀제 등의 착화제가 다양하게 나와 있으므로 구비해 두면 좋을 것이다. 불쏘시개로 솔방울이나 마른 삼나무 잎 등도 사용할 수 있다.

간편하게 사용할 수 있는 부탄가스를 사용하는 기구도 화로나 난로, 램프나 버너 등 여러 기구가 출시되어 있으므로 평소 정원에서 즐길 때나 이런 저런 경우에 대비할 수 있다. 연기가 나지 않는 숯도 판매하니 주택가에서도 불을 피워 즐길 수 있다. 요즘은 뭐든지 태울 수 있는 화로, 야외용 장작 난로, 화로대 등 안전하게 불을 즐길 수 있는 캠핑용품이 다양하게 출시되고 있다.

태울 때 주의할 점

동일본대지진이 발생했을 때 적은 연료로 효율적으로 취사할 수 있는 로켓 스토브가 주목받았다. 이런 기성품이 시중에 나와 팔리고 있지만 스스로 만드는 사람도 늘고 있다. 다만 실내에서 난방용으로 사용할 경우 주의가 필요하다. 장작을 자주 공급해 강력하게 연소시켜 고온의 배기가 밀려 나가는 구조이기 때문에 축열 구조 등을 생각해야 한다. 기존의 장작 난로는 장작을 서서히 효율적으로 연소시키도록 되어 있다.
일부 로켓 스토브나 장작 난로는 침엽수든 활엽수든 모두 태울 수 있지만, 한 가지 주의해야 할 점은 건축 폐기물이다. 건물의 토대 주변이나 나무 덱 혹은 펜스 등에는 흰개미 퇴치제나 방부제를 발랐거나 화학액에 담근 것이 있다. 이런 목재를 태우면 자신의 집은 물론 인근을 유해한 화학물질로 오염시키게 된다.

'무연탄화기'를 사용해 간편하게 숯을 만들어 보는 것도 좋겠다. 이런 기기를 사용해 나무를 태우면 기화한 목질 가스가 공중에서 연소되어 산소 결핍 상태인 탄화기 내부에 열이 전달되기 때문에 나무가 재가 되지 않고 탄화된다(무연이라고는 해도 연기가 전혀 나지 않는 것은 아니다). 친구는 이 기기를 이용해 가지치기한 가지나 솎아 낸 대나무를 밭에서 태운다.

바이오 가스 플랜트가 있다면, 간이 수세식 화장실과 연결하거나 음식물쓰레기를 투입해서 발생한 메탄가스를 연료로 조리나 난방, 조명에 사용할 수 있다. 소형 발전기를 구동할 수도 있다.

무연탄화기를 사용한 숯 만들기.
자료 출처_모키제작소 홈페이지, 연소기/무연탄화기

물을 즐기는 정원

식사, 청소, 세탁, 입욕 등 물은 사람들의 일상생활의 중심을 차지한다. 또 물은 편리한 이용법뿐만 아니라 호우나 태풍이 발생시키는 수해 대비책의 일환으로도 생각해야 한다. 예로부터 인간은 물을 이용하고 물을 경계하며 살아왔다. 대비책을 생각하며 물에 관해서도 다시 한번 검토해 보고자 한다.

수도

정원을 만들 때 수도를 눈에 좀 더 잘 띄는 곳으로 이동하자고 제안하면 "정원에서 수도를 거의 사용하지 않는데 그럴 필요가 있나요?" 하며 주저하는 사람이 적지 않다. 하지만 막상 옮겨 놓은 후에는, "놀랄 만큼 수도를 자주 사용하게 되었다"며 반기는 경우가 많다. 사용하지 않은 것이 아니라 사용하려 해도 사용하기 불편했던 것이다.

정원의 수도는 눈에 거슬리는 방해꾼처럼 한구석으로 내몰리는 경우가 많다. 게다가 지면에 있는 뚜껑을 열어 호스를 살수전과 연결하지 않으면 사용할 수 없는 경우도 있다. 그래서 릴 호스를 장착해 사용하는데, 편리해 보이지만 의외로 상당히 불편하다. 호스를 똑바로 늘리는 것은 괜찮지만, 꺾이는 부분이 있으면 화초를 쓰러뜨리고 화분을 뒤집곤 한다. 또 뿌린 물이 호스에 묻으면 진흙투성이가 된다. 그것을 감는 것도 큰일이기 때문에 어차피 다음에 사용할 것이라며 그대로 방치한다. 이렇게 되면 어수선해져 정원에 나가기 꺼려진다. 그러면 정원이 점점 더 지저분해지고 이러한 악순환이 반복된다.

이렇게 되지 않으려면 수전을 사용하기 편리하게 만드는 것이 중요하다. 그 방법 중 하나로 수전을 정원의 중심에 두라고 권한다. 한가운데에 있으면 짧은 호스로 정원 전체에 물을 줄 수 있고, 정원 끝에서 끝까지 물뿌리개를 가지고 다닐 필요도 없다. 지금은 디자인이 다양한 정원용 수전 기둥이나 수조가 나온다.

다만 존재감이 너무 부각되어 중심을 차지하면 정원 전체와 균형을 맞추기 어렵다. 수도라는 것만으로도 존재감이 있기 때문에 되도록 간단하게 만드는 것이 좋다. 그래서 수전 기둥은 사용하지 않고 T자로 조립한 스테인리스스틸 수도관을 설치해 한쪽에는 수전, 다른 한쪽에는 호스용 밸브를 장착한 후 호스를 감아 걸어 놓는다. 스테인리스관은 그대로 사용해도, 도장해서 사용해도 된다.

수조로는 화분을 사용한다. 테라코타 같은 토분은 추운 지역에서는 겨울철에 스며든 수분 때문에 얼어 깨지는 경우가 있다. 모양은 원형이든 사각형이든 상관없지만, 양동이 등을 둘 수 있는 크기가 좋다. 화분 입구까지 자갈을 한가득 넣은 후,

보육원의 수전. 갈아 끼워 샤워기로도 사용할 수 있다.

양동이나 물뿌리개를 안정감 있게 둘 수 있도록 한다. 자갈은 표면이 반질반질하면 물이 잘 튀지 않는다.

배수를 위해 화분 밑 땅속에 자갈로 침투층을 만든다. 보통은 양동이 두 통 정도의 양을 담을 수 있는 크기로 한다. 텃밭에서 수확한 진흙 묻은 채소나 도구를 자주 씻으면 침투층이 진흙으로 메워지기 때문에 침전통을 통과시킨 후 침투

정원 중심에 수전을 둔다. 수조는 자갈을 채운 화분을 사용하고, 화분 밑 땅속에는 자갈로 침투층을 만든다.

통에 흐르도록 한다. 정원 한가운데가 아닌 곳에서 수도를 사용한다면, 실외용 타일을 사용한 수조 등을 사용하는 것도 좋다.

겨울에 동결되는 지역에서는 지면에 있는 손잡이를 돌리면 땅속에서 물이 새는 것을 막는 기능과 물을 빼는 기능을 동시에 수행할 수 있는 밸브를 설치한다.

작업대로도 활용 가능한 튼튼한 벤치와 조합하거나 나무 덱, 식재 화단, 높이화단에 설치해 수도로 보이지 않도록 하는 것도 방법이다.

빗물 저금통

누구라도 비가 내리면 밖으로 나가는 것이 꺼려져 귀찮아진다. 하지만 식물이나 동물에게 대지를 촉촉이 적셔 주는 비는 자연의 은총이다.

우리는 수도꼭지를 돌리면 언제든지 물을 마실 수 있고 사용할 수 있다. 하지만 지진 등의 재해가 일어나 수도가 작동을 멈추면, 마실 물을 얻기 힘들고 목욕탕도 수세식 화장실도 사용할 수 없다는 사실을 깨닫게 된다.

반면 일상적으로 빗물 대부분은 빗물받이나 하수도를 통해 배수로 처리된다. 우리도 식물이나 동물처럼 직접 비라는 자연의 은총을 받을 수는 없을까. 빗물을 정원에 모아 의미 있게 사용하도록 만든 것이 바로 빗물 저금통이다.

빗물 저금통이 있으면 수도 공사를 하지 않아도, 수도에서 멀리 떨어진 곳에서도 빗물받이만 있으면 물을 모아 둘 수 있어, 물 주기 등에 사용할 수 있다. 커다란 물통이나 수련 화분과 조합할 수도 있다. 무엇보다 염소를 함유하지 않은 물은 식물에게도 동물에게도 이로울 뿐만 아니라, 수도 요금도 들지 않는다.

재료는 수지樹脂(소나무나 전나무 따위의 나무에서 분비하는 점도가 높은 액체)나 드럼통 등으로 제작한 것, 스테인리스스틸 등이 있다. 설치하는 장소는 어느 정도의 면적이 있는 지붕의 우수관 근처다. 높이 70센티미터 정도의 받침대 위에 설치하면 양동이나 물뿌리개에 물을 쉽게 담을 수 있고, 자연 수압을 이용할 수 있어 호스도 사용할 수 있다. 조금 더 높은 위치에 설치하면, 자연 수압이 높아지기 때문에 땅속 배관을 만들어 수도처럼 사용할 수도 있다.

요즘은 가만히 빗물 떨어지는 소리를 듣거나 물웅덩이로 떨어지며 일렁이는 빗방울을 시간이 가는 줄도 모르고 바라보는 일을 거의 하지 않는다. 정원은 이런 정취를 떠올리게 하는 최적의 장소다. 일상생활에서 빗물을 이용해 즐길 수 있는 장치가 있다면, 비상시 대비책도 되어 마음이 한결 든든해진다.

빗물받이에서 흘러내리는 물을 모으는 빗물 저금통.
정원에 물을 뿌리거나 비상시에는 정수기를 사용해 마실 물로 이용할 수도 있다.

빗물을 그대로 마실 수는 없지만, 최근에는 흙탕물까지 마실 수 있는 물로 바꾸어 주는 소형 정수기도 있어 비상시에 받아 놓은 빗물로 마실 물을 마련할 수 있다. 이런 일은 자연의 순환을 생활에 활용할 수 있는 첫걸음이 되기도 한다.

일본은 안전하게 수도에서 직접 물을 받아 마실 수 있는 얼마 되지 않는 나라라고 하지만, 최근에는 정수기를 설치하는 사람이 늘고 있다. 지하수 오염이나 염소 등을 걱정하는 사람이 많아지고 있기 때문이다. 수도꼭지 입구에 장착하는 커다란 타입이라도 정원에 공간이 있으면 설치할 수 있다.

있으면 즐거운 설비

시냇물

요즘 우리는 정원에 작은 도랑을 파서 비가 내릴 때만 시냇물이 흐르도록 한다. 빗물관이나 빗물 저금통에서 넘치는 물이 흐르도록 정원 길 옆에 도랑을 만들어 완만한 경사를 두면, 정원 전체의 배수가 좋아지거나 식재 화단 또는 텃밭으로 흘러 들어가게 할 수 있다.

시냇가를 따라 돌을 놓거나 풀이 자라게 하면, 입체 모형같이 커다란 강처럼 보인다. 이는 일본 정원과 일맥상통하는 것으로, 자그마한 돌을 커다란 바위로, 조그만 뜰을 커다란 숲으로 보이게 해 그곳에서 자연의 흐름을 느낄 수 있다.
물길 종착지에는 침투통을 놓거나 땅을 조금 파서 습지 같은
분위기로 식물을 심는다.

보육원에 이러한 시냇물을 만들어 주었더니 아이들이
무척 기뻐했다. 어른만 있는 개인정원에서도 비 오는 날이
기대된다며 아주 흡족해했다. 실용적인 면도 곁들여 이렇게
동심을 자극하는 정원을 만드는 것도 좋지 않을까 싶다.

수련 수반

비오톱biotope(다양한 생물종의 공동 서식 장소)이라 하면 본격적으로

정원 가장자리에 도랑을 파고 돌을 놓으면 멋진 시냇가가 된다.
비 내리는 날만 즐길 수 있는 특별한 풍경이다.

물이 흐르도록 해야 한다고 생각하기 십상이다. 하지만 그렇게까지 하지 않고 커다란 수련 수반을 하나 두기만 해도 다양한 생물이 찾아오도록 할 수 있다.

장구벌레를 걱정하는 사람도 있지만, 송사리나 금붕어를 몇 마리 넣어 두면 아무 문제 없다. 송사리는 장구벌레를 잡아먹기 때문에 기본적으로 먹이를 줄 필요가 없다. 지나치게 작은 수련 수반은 여름에 수온이 너무 많이 올라 송사리나 금붕어가 죽어 버리기 때문에 최소한 직경 70센티미터, 깊이 30센티미터는 되어야 한다. 또 여름철에는 나무가 있어 반그늘이 지는 장소에

정원의 생태계를 풍성하게 하는 수련 수반.
부엽식물(뿌리는 물 밑바닥에 자리잡고 잎은 수면에 뜨는 식물)이나 개구리밥은
눈을 평온하게 해 줄 뿐만 아니라 송사리의 은신처가 되기도 한다.

두는 것도 좋다.

수련 수반을 만들면 잠자리가 알을 낳으러 오거나, 벌이나 다른 곤충, 작은 새가 물을 마시러 오거나, 근처에 사는 고양이나 너구리도 들른다. 정원 한 곳에 둔 수련 수반이 무슨 대수냐 싶을 수도 있지만, 지역에 이런 정원이 늘어나면 커다란 생태계로 보면 하나로 연결되고 이어진다.

논

볍씨 한 개에서 대략 500~1000알 정도의 쌀이 난다고 한다. 찻잔 1컵의 쌀은 약 2.1포기의 벼에서 만들어진다. 지방에 있는 논을 공유해, 주말이나 연휴에 쌀농사를 짓는 사람이 늘고 있다. 그런 시간을 낼 수 없는 사람은 정원에서 나만의 논을 만들어 보는 것도 좋다.

1년 치 쌀 생산은 도저히 불가능하다 해도, 가족의 한 끼나 3일 치 정도를 정원에서 만들면, 새삼 쌀 농가의 노고나 황금빛으로 빛나는 이삭의 아름다움에 감동할지도 모른다.

연못

클로드 모네의 그림 '수련'을 보면, 이런 연못이 있는 정원이 있으면 좋겠다고 동경하지 않을 수 없다. 모네는 실제로

형형색색의 꽃이 만발한 '클로 노르망Clos Normand' 정원을 만들었다. 더 나아가 '워터 가든'이라 칭하며 연못이 있는 정원을 만들어, 그곳에 핀 수련을 모티브로 그림 몇 점을 그렸다. 일본의 우키요에(에도시대에 서민에게 인기 있었던 풍속화)에서 아이디어를 얻었다는 붉은 홍예다리(무지개 모양의 다리)까지 걸려 있는 것을 보면, 꽤 커다란 연못일 것이다.

좁디좁은 일본에서는 그렇게까지 커다란 연못을 만들 수 있는 부지를 가진 사람은 얼마 되지 않겠지만, 작은 연못만 있어도 정원이 주는 즐거움은 배가된다.

여름부터 초가을에 걸쳐 피는 꼬마수련.

우물

우물은 재해가 일어나도 활용할 수 있고, 평소에 물을 줄 때도 사용할 수 있다(식수, 정원 관수용, 집 안 허드렛일용으로도 사용). 서툰 솜씨로 두레박을 내려 물을 퍼 올리는 것도 나쁘지는 않지만, 양수 펌프를 설치하면 사용하기 훨씬 더 편리하다. 이때 양수 펌프도 수동으로 할지, 전동으로 할지, 혹은 태양광이나 풍력 같은 재생에너지를 사용할지 등 다양한 선택지가 있다.

그러나 현재 과불화화합물PFAS(인공 유기불소화합물로 화장품, 계면활성제, 방수제 등 다양한 제품에 사용되며 체내에 축적될 경우 악영향을 주는 것으로 알려져 있다) 관련 문제가 있다. 주로 거품 소화기나 세정제가 야기하는 지하수 오염 문제와 관련해 거론되는데, 미군 기지나 공항, 공장 주변에서 이런 성분이 고농도로 검출된다. 성수聖水라 불리는 용수用水(방화·관개·공업·발전·음료 따위를 위해 먼 곳에서 끌어오는 물)마저 오염되고 있는 것이다.

이 밖에도 질소비료 때문에 발생하는 지하수 오염이 걱정스럽다. 농지나 정원에서 사용하는 질소비료가 땅속으로 스며들어 지하수를 오염시키고 있다. 물이 풍부한 일본이지만, 우물물뿐만 아니라 지하수를 이용하는 상수도도 많아 음수 안전성에 의문이 생긴다.

그린 인프라와 레인 가든 빗물정원

요즘 들어 기상 상황이 극단적이다. '게릴라성 호우'나 '선상강수대線狀降水帶(남북으로 폭은 좁고 동서로 길이는 긴 비구름대)' 등과 같이 단시간에 한꺼번에 내리는 비가 잦아지면서, 각지에서 홍수나 침수가 문제시되고 있다. 이러한 상황에서 주목받는 것이 바로 그린 인프라다. 지역의 자연환경을 보전하면 재해 방지나 감소로 이어진다는 개념이다. 그레이 인프라라 불리는, 콘크리트가 아닌 녹지 정비나 침투층 등으로 하는 빗물 관리가 목표다.

기존에는 빗물받이를 집수정과 연결하는 등의 방법을 활용해 왔지만, 최근에는 '레인 가든'이라는 용어가 사용되기 시작했다. 경사를 만들어 가장 가까운 곳에 집수정 등을 설치해 자갈층을 만들거나, 우리가 자주 시도하는 시냇물 만들기 등도 레인 가든이라 할 수 있다. 규모가 크지 않아도 정원에서 할 수 있는 범위 내에서 흙이 있는 부분을 조금이라도 늘려, 잡초나 식물을 키우기만 해도 된다. 정원의 야트막하고 축축한 곳에는 물에 강한 부처꽃이나 노랑꽃창포 등을 키울 수 있다. 일본의 가레산스이枯山水(물을 사용하지 않고 돌과 모래만으로 산수 풍경을 표현하는 일본 정원 양식 중 하나) 정원도 그야말로 최고의 레인 가든이라 생각한다.

레인 가든(빗물정원)의 예. 흙만 파서 낸 물길.

각 가정의 정원은 규모는 작아도, 이런 레인 가든이 늘어나면 점이 선이 되고 이윽고 면이 되어, 강우량의 피크 커트(양이 최고치에 이를 때 부하를 다른 시간대로 옮겨 부하를 줄이는 것)에 도움이 된다. 지역적으로 그린 인프라나 레인 가든 만들기에 적극적으로 나선다면, 침수를 완벽하게 방지하지는 못하더라도 마루 위 침수가 마루 아래 침수로 그치는 등 재해 감소로 이어질 것이다.

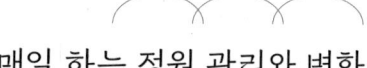

매일 하는 정원 관리와 변화
정원을 오랫동안 즐기기 위해

정원이 있고 흙이 있다는 것은 어떻게 하더라도 유지하기
위해 노력이나 비용이 필요하다는 의미다. 흙이 있으면 풀은
자라나고, 식물을 심으면 나무는 자란다. 정원을 만들면
그것으로 끝나는 것이 아니라, 그때부터 비로소 시작된다.
정원을 유지하려면 나름의 비용이 발생하고 노력도 필요하다.
그래서 더더욱 안심할 수 있고 안전한 오가닉 가든으로,
관리하기 편하고 이용하기 쉬운 정원으로 만들어야 한다.
그렇다고 엄청난 노력을 기울여야 한다는 의미는 아니다. 전에
어떤 나이 많은 여성의 정원을 방문했을 때의 일이다. 특별히
만든 정원 길이 없는데도 그럴듯한 길이 나 있었고, 그분이
매일 정원을 거닐고 있다는 사실을 알게 되었다. 게다가 한동안
정원사가 드나들지도 않았다는데 그리 보기 흉하지도 않았다.
"사람이 보고 있는 정원은 황폐해지지 않는다"는 사람도 있는데,
딱 그런 정원이었다. 아주 잠깐이라도 보고 있기만 해도 의식이

바뀌기 때문에 무의식중에 손을 뻗어, 병든 잎을 따거나 피해를 줄 만한 곤충이 있으면 잡아 주었는지도 모른다.

사용하기 편한 정원이라면 정원으로 나오는 일이 그리 어렵지 않아, 평소에 아주 조금이라도 유지·보수를 해 주면 한번에 큰 수고를 들이지 않아도 된다. 사용하기 편하게 만드는 것은 황폐해지지 않는 정원을 만드는 선순환의 첫걸음이다.

잡초 대책

아무리 해도 잡초 뽑기가 힘들다면 흙 면적을 줄일 수밖에 없고, 그러기 위해서는 나무 덱을 만들거나 침수성 포장재(인터로킹이나 단단한 모래 등), 돌 붙임, 타일 등으로 테라스를 만들어야 한다. 콘크리트로 하면 밋밋하지만 '골재 노출 공법'으로 자갈이 보이도록 마감하면 무기질적인 느낌을 상당히 많이 줄일 수 있다.

방초 시트(불순물이나 해충으로부터 식물을 보호하기 위해 사용하는 시트)는 처음에는 괜찮지만, 얼마 지나지 않아 찢어지거나 흙이 얕게 쌓여 잡초가 자라난다. 시트가 화학섬유라는 점도 우려된다. 만약 잡초가 너무 많이 자라 보기 흉하다면, 지피식물로 클로버 씨를 뿌려 보자. 또 빛이 잘 드는 곳이라면 타임*Thymus Vulgaris*, 그렇지 않다면 세덤류*Sedum* 등을 심어 본다. 처음부터 들잔디를

바퀴가 빈번하게 지나다니는 자리에는 풀도 자라지 않는다.

깔아도 좋다. 금잔디Zoysia Matrella는 보통 일반적인 정원에 심는 잔디고, 잔디Zoysia Japonica는 공원 등에 자주 사용된다. 잔디는 일본 재래종으로 건조나 추위에 강하고, 더디 자라 관리가 비교적 편리하다. 금잔디에 비해 잎이 두껍고 잡초처럼 야생미가 있어 뽑지 않고 깎아 손질하기만 하면 된다. 하지만 가장 간편한 방법은 '풀을 기르는' 것이다. 호주나 캘리포니아 등과 같이 물 부족 현상이 자주 발생해, 조례로 정원에 물을 주지 못하도록 하는 곳에서는 '산야초'나 '야생화'가 화원에서 가장 많이 팔린다고 한다. 일본에서

잡초 지피식물. 볏과를 중심으로 클로버, 참소리쟁이 등 다양한 종류가 자라는데, 한데 모아 5센티미터로 깎아 주면 녹색 융단처럼 보인다.

말하는 '잡초'를 가리킨다.

사계절이 있고, 장마가 있고, 풍부한 자연환경에 둘러싸인 일본은 잡초 종류가 수도 없이 많다. 어떤 조건에서든 잡초가 자라난다. 잡초라면 구입할 필요도 없고, 심을 필요도 없다. 비료나 물을 줄 필요조차 없다. 이러한 점을 활용해 5센티미터 정도 높이로 깎아 준다. 잔디를 깔아 주면 잡초와 뒤섞여 자라, 자연스럽게 잡초로 뒤덮인 지피식물 공간을 만들 수도 있다. 최근에는 여러 종류의 충전식 잔디깎이나 예초기가 판매되고 경량 모델도 있다. 하지만 이러한 모델은 풀이 길게 자라면 동력이 부족해 충분히 깎지 못하기 때문에 풀이 덜 자라는 5월이 되기 전에 깎아 주는 것이 좋다. 그다음은 10월 초순 무렵까지 2주에 한 번꼴, 즉 한 달에 두 번 정도 풀을 깎아 주기만 하면 된다. 뿌리부터 뽑을 필요는 없다. 둥그스름한 잎이든 가늘고 긴 잎이든, 굵기에 상관없이 한데 모아 깎아 준다. 이렇게 하면 멀리서는 깔끔한 잔디밭처럼 보인다. 그러다 보면 어느덧 키 큰 풀은 나지 않아 풀을 깎는 작업도 편해지기 때문에 꼭 한번 시도해 보았으면 한다.

잡초는 토양을 개량할 수 있는 가장 친근한 식물이다. 베어 낸 것을 원예식물 주위에 깔아 두면 멀칭(다양한 재료로 땅을 덮어 침식 방지, 토양 수분 보존, 온도 조절, 잡초 방지, 유익한 균 번식 촉진 등의 효과를 보는 방법)이 되어, 건조를 막아 주고 결국 시들어 땅의 영양분이 된다. 이러한 과정을 반복하다 보면 흙은 점점 폭신폭신해진다.

잘게 썬 삼백초로 멀칭해 준다.

나무 가지치기

나무 도감 등을 보고 있으면 '작은키나무, 중간키나무, 큰키나무' 등과 같은 말이 자주 등장한다. 이는 꼼꼼히 가지치기를 하면 이 높이로 가꿀 수 있다는 의미로, 그 이상 자라지 않는다는 말은 아니다. 가령 정원에 많이 심는 진달래속 나무는 작은키나무로 알려져 있지만, 진달래속 나무만 심어 놓은 군마현 다테바야시의 쓰쓰지가오카공원에는 추정 수령 800년이 넘는 산진달래를 비롯해 거대한 수풀 군락이 자연 상태 그대로 보존되어 키가 4~5미터가 넘는 나무도 있다. 그 말인즉슨, 작은키나무로 만들려면 꼼꼼히 가지치기하면서 유지·관리해야 한다는 의미다. '커지지 않는' 나무는 없다. 그리고 너무 많이 자라 스스로 처리하기 어려운 것은 전문가에게 맡겨야 한다. 큰키나무 벌채나 특수 벌채를 할 경우 아보리스트arborist(수목 관리 전문가)나 소라시空師(높은 나무에 올라가 가지치기, 벌목 등의 작업을 하는 장인)에게 맡겨야 한다. 또 조상 대대로 내려오는 나무(소나무, 나한송, 회양목 등)를 가지치기할 때는 비용이 들 뿐만 아니라 자신이 원하는 대로 되지 않는 경우도 있다. 이런 경우 지금까지 곁을 지켜 준 것에 고마움을 표한 후, 벌목이나 벌근을 해서 자신이 심고 싶은 나무를 심는 것이 더 좋을 수 있다. 그렇게 하는 것이 찬밥

신세를 당하는 나무 입장에서도, 내내 눈엣가시처럼 여기는 사람 입장에서도 스트레스를 덜 받는다.

자신의 손이 닿는 범위나 작은 접사다리로 가능한 곳까지는 자신이 직접 가지치기하고 싶어 하는 사람도 많을 것이다. 하지만 나무는 살아 숨 쉬는 존재다. 적당하게 잘라 내거나 어설프게 다루면, 절단면으로 부후균이 침투해 죽어 버린다. 특히 뭉텅뭉텅 잘라 내는 것은 좋지 않고, 나중에 전문가에게 부탁할 때도 모양을 잡지 못해 난감해진다. 도구도 웬만큼 잘 잘리는 것을 준비해 식물에 상처를 입히지 않도록

단풍나무의 가지를 치기 전(오른쪽)과 후의 모습(왼쪽).
둥근 형태였던 것을 자연스러운 느낌으로 만들었다.

사진_곤도 유코

가지치기해야 한다.

평소에 거리를 거닐 때라도 보기 좋게 잘 정돈되었다 싶은 나무를 보면 어떻게 가지치기했는지 눈여겨보자. 가지치기에 관한 책을 읽어 보는 것도 좋다. 가지치기를 하기 전에 읽고, 가지치기를 한 후에 다시 한 번 읽는다. 직접 해 보아야 책 내용의 의미를 알 수 있는 경우가 많기 때문이다.

리폼

세월이 흐르며 가족 구성원은 변해 간다. 아이들은 성장해 독립하거나 새로운 가족을 맞이하기도 하고, 부모 역시 나이를 먹는다. 아이를 위한 정원도 15년만 지나면 사용하는 사람이 성인이 되거나 사라진다. 텃밭을 경작했던 사람도 시간이 지나면 시들해지거나 뜻대로 되지 않을 수도 있다. 당연히 집이나 정원을 사용하는 방법도 변해 간다.

아이가 사용했던 모래밭은 더 이상 사용하지 않게 되고, 부모 중심의 정원이 되어 화단이나 텃밭, 화덕으로 변하기도 한다. 채소 가꾸기에 흥미가 생겨 잔디를 제거하고 텃밭을 만들거나 무릎 상태가 좋지 않아 텃밭을 높이화단으로 바꾸어 달라는 부탁을 받은 적도 있다.

그렇게까지 대공사는 아니더라도 현관 주위의 전등이나 정원 조명을 늘리기만 해도 분위기가 싹 바뀐다. 나이가 들었을 때 위험하지 않도록 정원을 밝게 밝히는 일도 중요하다.

나이가 들면서 현관 근처 계단에 난간을 만들기도 한다. 예전에 캐나다의 고령자 시설을 답사하러 갔을 때, 정원에 커다랗고 불규칙적인 원을 그리듯 난간이 설치된 것을 본 적이 있다. 이야기를 들어 보니 배회하는 것을 방지하기 위해서라고 한다. 난간을 따라 끝도 없이 빙글빙글 걷게 되어, 시설 밖으로 나가는 일이 줄어들어 찾아다니는 시간도 줄었다고 한다. 정원이라면 일부러 난간을 만들지 않아도 높이화단이나 테이블을 잘 조합하면, 그것을 따라 걸을 수 있다.

안전하고 걸어 다니기 편할 뿐만 아니라, 남아 있는 능력을 유지하기 위해 슬로프나 계단을 두는 경우도 있다. 물론 안전성이 가장 중요하고, 신체에 무리나 위험을 주지 않는 구조로 만든다. 경우에 따라 재활 등에 정통한 전문가에게 조언을 구하는 것도 좋다.

현관에서 주차장까지 가려면 정원을 지나야 해서, 휠체어를 탄 어머니를 차에 태우기 위해 정원 길을 만들고 싶다는 의뢰를 받은 적도 있다. 이런 경우, 정원 길의 폭을 휠체어보다 넓게 할 필요가 있다. 다소 방향을 전환하는 등의 동작을 고려하면, 간신히 휠체어가 지나갈 정도의 폭으로는 불안하기 때문이다.

← 생울타리를 나무 펜스로 리폼했다. 정원으로 쉽게 드나들 수 있게 해 주는 나무 덱도 설치했다(35~39쪽 참고).
→ 밋밋한 알루미늄 펜스에 나무 펜스를 끼워 넣고 폐자재로 화단도 제작했다.
↓ 정원에서 나온 돌을 수전의 포석으로 사용했다.

또 처음부터 콘크리트를 기초로 한 벽돌이나 타일, 돌 등의 구조물을 만들면, 나중에 수리하거나 할 때 버거워지곤 한다. 콘크리트를 사용하지 않는 시공으로는 다음과 같은 예가 있다. 정원 길은 평평한 마름돌같이 어느 정도의 크기와 무게를 갖춘 것이라면 흙을 단단히 다져 설치할 수 있다. 벽돌같이 작은 것은 쇄석을 깔고 잘 다진 후 건식 모르타르mortar(석회나 시멘트에 모래를 섞고 물로 갠 것으로 어느 정도 시간이 지나면 물기가 없어지고 단단해진다)를 깔고 그 위에 벽돌을 놓는다. 펜스 등의 구조물도 목제라면 나중에 수리할 때 편리하다.

정원도 영원히 남아 있는 것이 아니라 살고 있는 사람과 함께 변해 간다. 그리고 근본적으로 유니버설 디자인을 고려한다면 여러 세대에 걸쳐, 그리고 나이를 먹어도 사용하기 편리한 정원으로 남을 수 있다.

정원에서 나온 돌로 화분에서 삐져나와 자란 장미를 나선형 화단에 옮겨 심었다.

'오가닉'한 돈

'가격 대비 성능(비용 대비 효과)'이라는 말을 자주 듣곤 하는데, 그것을 끝까지 추구하면 '신자유주의'가 된다. 철도나 우편 등이 민영화되어 채산성이 낮은 지방은 도태되어 간다. 가격 대비 성능이라는 말 때문에 격차는 어쩔 수 없는 것으로 여겨지고, 암묵적으로 차별도 정당화되어 간다. 보다 낮은 계층을 만들어 정치를 향한 불만의 목소리를 불식시킨다. 분단과 차별이 사람들의 유기적 연대를 침식하는 것이다.

우리는 '오가닉'의 기본이 지역 특성이라고 생각한다. 식료품이나 에너지뿐만 아니라 노동이나 경제도 지역에서 순환시키는 것이 이상적이고, 그렇게 되면 현재 발생하는 수많은 사회문제를 해결할 수 있지 않을까 싶다.

대기업은 은행에서 융자를 받고 이자를 낸다. 그리고 이렇게 받은 융자로 설비에 투자해 상품을 만들기 때문에 상품 가격에는 빌린 돈에 대한 이자도 포함되어 있다. 예를 들어 아이들이 자신의 용돈으로 대기업이 제조한 과자를 산다면, 아이들 용돈에서 이자를 지불하는 셈이다. 얼마 되지 않는 돈(아이들 용돈)은 커다란 돈(은행이나 투자가)으로 흡수된다. 지방의 돈이 중앙으로 흘러들어 가는 구도가 되기도 한다.

이것이 지역통화나 커뮤니티 뱅크(시민 뱅크)가 되면 중앙에 흡수되지 않고, 지역에서 돈을 순환시킬 수 있다. 이것이 '오가닉한 돈'의 흐름이 된다.

일본에서도 NPONon-Profit Organization(비영리단체) 뱅크나 커뮤니티 뱅크가 있고, 무이자는 아니지만 지역사회나 복지, 환경 보전을 위해 활동하는 NPO나 시민단체, 개인 등에게 자금을 융통해 준다.

스몰 가든·베란다

"우리 집에는 정원이 없어서", "우리 집은 공동주택이라서", "너무 좁아서"라며 가드닝을 포기하는 사람이 많을 것이다. 하지만 잠깐! 작은 야외 공간, 가령 베란다나 좁은 정원에서도 나름대로 즐길 방법이 있다.

좁은 정원

도시에서는 정원이 좁아질 수밖에 없다. 하지만 포기하기에는 이르다. 좁기 때문에 여러모로 생각해 볼 수 있다. 같은 크기의 공간이라도, 사용하기 불편하면 좁다고 느껴지고 사용하기 편리하면 넓다는 느낌이 든다. 따라서 좁을수록 효율적으로 움직일 수 있는 동선을 생각해야 한다.
예를 들어, 실외기에 목제 커버를 만들어 덱과 조합하면 벤치로도 사용할 수 있다.
덱 한가운데를 뚫어 커다란 나무를 심을 수도 있다. 낙엽수라면

겨울에는 햇빛, 여름에는 나무 그늘을 즐기며 생활에 활력을
불어넣어 줄 것이다. 또 수경 화분이나 새집을 놓아 두면
다양한 생물이 드나들게 할 수도 있다. 나무 한 그루를 심기만
해도, 그곳에서부터 생태계는 움직이기 시작한다.

좁은 정원은 안뜰처럼 사방이 건물 등으로 에워싸인 경우가
많다. 그러면 햇빛도 바람도 잘 들지 않게 된다. 이럴 때는

도로와 면한 깊이가 채 1미터도 되지 않는 공간이라도
식재를 즐길 수 있다.

높이화단으로 만들면 환경을 개선할 수 있다. 실제로 도시에서 삼면이 집으로 둘러싸인 집에 높이화단을 만들었더니, 여태까지 키우지 못했던 식물을 키울 수 있게 된 사례도 있다. 집들이 옹기종기 모여 있으면 프라이버시가 중요해져 시선을 차단하기 위한 펜스 등도 필요해진다. 펜스와 수납, 퍼걸러와 건조대, 덱과 수전 등을 효율적으로 조합해, 좁기 때문에 모든 곳에 손길이 닿는 사용하기 편리한 신나는 공간으로 만들어 보자.

덱에 수전을 설치해 공간을 절약했다. ←
벤치 밑에 실외기가 숨겨져 있다. 나무 덱 높이를 높여 주면 →
어떤 수납이든 가능하다.

베란다

공동주택의 경우 재해가 발생했을 때 피난로 확보 문제도 있고, 정기적인 페인트칠이나 보수 등을 할 때 잠시 철거해야 할 때도 있다. 손이 너무 많이 가면 정원을 만들기 어렵기 때문에 최소한의 리폼으로 변화를 이끌어 내자.

우선은 바닥이다. 발밑은 의외로 눈에 잘 띈다. 그래서 '발판 모양'의 나무 패널을 깔아 두기만 해도 분위기가 완전히 달라진다. 게다가 여름철에 햇빛이 반사되는 것도 완화할 수 있다. 이때 아래층으로 난 피난로는 막지 않도록 주의한다.

넓은 옥상인 경우 모든 면에 나무 패널을 깔기에는 면적이 너무 커서 힘들 수 있다. 이럴 때는 나뭇길과 같은 방법으로 깔아 두기만 해도 인공적인 느낌을 많이 누그러뜨릴 수 있다.

그리고 실내에서 볼 때 눈이 가는 부분의 난간에 나무 펜스를 설치하면 분위기가 좋아진다. 다만 태풍으로 날아가지 않도록 단단히 고정해야 한다.

베란다나 옥상이라면 무게도 고려해야 한다. 흙과 식물을 넣은 커다란 플랜터를 여러 개 놓아 두면, 베란다의 내하중을 넘어설 수도 있다. 너무 욕심부리지 말고 엄선해서 식물을 심는다. 녹색 풀을 몇 개 심기만 해도 베란다 분위기가 달라진다. 무엇보다 플랜터라면 식물을 옮길 수도 있다.

그리고 작아도 수납공간을 두면 정원 도구를 넣을 수 있어 공간을 깔끔하게 만들 수 있다. 수납을 겸한 테이블이나 벤치도 좋다.

베란다 가드닝을 할 때는 아래층으로 물이 흘러내리지 않도록 해야 하며, 배수구가 막히지 않도록 꽃잎이나 잎사귀, 넘쳐난 흙 등을 자주 청소해야 한다. 또 어린아이가 있는 가정에서는 난간 쪽에 아이가 올라설 만한 구조물(벤치나 수평으로 설치한 펜스 등)을 놓지 말아야 한다. 생각지도 못한 추락 사고로 이어질 수 있다.

베란다는 여름에는 태양이 뜨겁게 내리쬐고, 겨울에는 건조하면서 바람도 강하다. 이렇게 손이 많이 가는 장소이기는 하지만, 뭐니 뭐니 해도 전망하기에는 최고의 장소다! 노력 여하에 따라 살벌한 도시 풍경에 따스함을 더해 휴식을 취할 수 있는 공간이 탄생한다. 베란다를 좀 더 활용하면, 분명 일상생활이 윤택해질 것이다.

나무 펜스와 패널을 조합해 부드러운 분위기로 만들고,
플랜터 사이즈를 바꾸어 움직일 수 있는 공간을 만들었다.

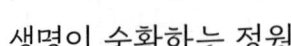
생명이 순환하는 정원
정원으로 지역을 활기차게

우리는 가능한 한 환경에 부담을 주지 않고, 생물 다양성을 소중히 여기며 순환하는 정원을 만들어 왔다. 이른바 '생명이 순환하는 정원'이다.

생명이 순환하는 정원이란 생태계의 원리를 기본으로 원예작물을 키우거나, 잡초를 소생시키거나, 낙엽 혹은 음식물쓰레기, 빗물이나 태양광을 이용하거나, 일상생활에서 일어날 수도 있는 만일의 사태에 대비하도록 해 주는 곳이다. 개인정원도, 공터나 공원을 이용해 지역을 연결해 주는 커뮤니티 가든도 생명이 순환하는 정원으로 만들 수 있다.

공터나 공원

수업이 끝났는데 아이들의 모습을 전혀 볼 수 없는 공원이 있다. 이는 결코 아이들이 학원이나 취미 활동으로 바쁘기 때문만은 아닌 것 같다. 인기척 하나 없는 공원은 안심할 수 없어 방범

측면에서 다소 불안하기도 하다.

그리고 공원에는 대부분 합성수지로 도장한 원색의 놀이기구가 설치되어 있는데, 대체 몇 살짜리 아이가 그런 곳에서 놀고 싶어 할까. 어떤 의미에서 사용 방법이 정해져 있는 놀이기구 같은 것은 사용하는 연령이 한정되기 십상이다. 그렇다면 보다 다양한 연령층의 아이들이 사용할 수 있는 공원으로 만들면 어떨까. 그렇게 하는 것이 지역 활성화로 이어지고, 지역이 활성화되면 항상 지켜보는 눈이 있어 아이들도 안심하고 놀 수 있지 않을까 싶다.

공터 또한 예전에는 아이들에게 즐거운 놀이가 되어 주었는데, 요즘은 잡초만 무성하고 드나들지 못하도록 울타리가 쳐져 있기도 하다. 사유지라도 주인의 허락을 얻어 지역 사람들이 풀을 뽑거나 화단이나 텃밭을 만들 수 있는 곳으로 만들면, 방범에도 좋을 것 같다. 실제로 '깨진 유리창 이론'이라는 것이 있다. 길거리와 면한 건물의 유리창을 깨진 채로 두면 그 거리 자체가 점점 황폐해진다고 한다. 즉 이와 반대의 경우도 있다는 의미다. 깔끔하게 정비하면 그 지역은 황폐해지지 않고 범죄율도 낮아진다.

우리가 관리하는 정원도 황폐한 채 내버려두었더니, 빈 캔이나 페트병을 버리거나 담배꽁초를 무단으로 투기하는 일이

벌어졌다. 정원 주인이 깔끔하게 가지치기를 한 후에는 사람들이 쓰레기를 버리지 않게 되었다며 기뻐하는 모습을 보고 '깨진 유리창 이론'을 실감했다.

작은 텃밭이 있으면 그곳에서 작은 순환이 시작된다.

아이들은 노는 데 도가 텄기 때문에 특별한 도구가 없어도, 널빤지 한 장만 건네도 다양한 놀이를 생각해 낸다. 공터나 공원도 이런 아이들의 감성을 충족시켜 줄 수 있는 장소가 되었으면 한다.

또 텃밭 등을 공동으로 운영하면 수확 축제를 열거나 '어린이 식당'을 운영할 수도 있고, 밭에서 난 생산물을 필요한 사람들에게 나누어 줄 수도 있다. 물론 화단을 만들어 꽃이 아름답게 피면 쓰레기를 버리는 사람도 줄어들 것이다. 그리고 때때로 그곳을 장기 자랑 무대 등의 이벤트가 열리는 광장으로 삼아도 좋을 것이다. 지역마다 다양한 사람이 모여 교류할 수 있는 곳이 늘어난다면 무궁무진한 꿈이 펼쳐질 것이다.

커뮤니티 가든

지역에 커뮤니티 가든을 만들 경우 그 지역 사람들이 최대한 참가하도록 유도해 공동체 워크숍 등을 거쳐 디자인을 정하는 것이 좋다. 이러한 경우 디자인에는 정원의 형태(식재나 조형 등)뿐만 아니라, 참가 방법이나 운영 방법 등도 포함된다. 운영은 자원봉사자가 주체가 되겠지만, 오가닉 가든으로 관리할 수 있도록 식물이나 병충해 관련 지식을 갖춘 리더를 양성할 필요가 있다. 미국에서는 실기나 강좌를 통해 시간을 들여 오가닉 가든 조성과 관리를 기본으로 한 '마스터 가드너'라 불리는 리더를 양성하고 있다(한국의 농업기술센터에서도 마스터 가드너 교육을 진행한 적이 있었다).

친구나 이웃과 함께 커뮤니티 가든을 만드는 모습.
사진_마쓰시타 미카

과일나무와 허브·화초의 어우러짐

'오가닉'한 초록 공간을 조성하면 주변 생태계를 윤택하게 만들 수 있다. 예를 들어 과일나무의 꽃가루받이에는 꿀벌의 힘이 필요한데, 평소 농약을 사용하지 않으면 꿀벌의 개체 수를 유지하는 데 도움이 된다. 꽃을 찾아오는 투구벌레나 나방 등도 마찬가지로 꽃가루를 묻혀 날아다닐 수 있어서 대량으로 발생하지 않는 한 '해충'이라며 기피하지 않았으면 한다.

'해충'이라 여겼던 곤충이 실은 그렇지 않고 '누명'을 쓰는 경우가 많으므로, 일단은 곤충을 사진으로 찍어 인터넷으로 검색해 보자. 어떤 식물에 있었는지, 곤충의 색깔이나 형태와 함께 검색하면 다양한 정보가 나오니 자신이 찍은 사진과 잘 비교해 본다.

과수원 정도 규모라면 수확량에 중점을 두는 가지치기를 해야 하지만, 정원의 경우 크기를 억제하고 수확도 할 수 있는 모양새로 키워 간다. 또 과일나무의 경우 열매를 매단 채 놓아두면 나무가 약해지므로 마지막 한두 개는 새를 위해 남겨 두고 나머지는 수확한다. 이 일은 지방에서는 곰이나 원숭이가 인가에 접근하지 못하게 막기 위해서라도 중요하다.

과일나무 같은 경우 열매가 많이 열리면 친구나 지역 주민과 나누어 먹을 수 있어 네트워킹으로도 이어진다.

지역통화

'지역통화'는 그 지역에서만 통용되는 통화로, 지역 연계를 위한 방법으로 안성맞춤이다. 지역 한정 화폐는 지역 사람들에게 일을 의뢰하거나 생산물을 구입할 때 사용한다. 대형 점포나 체인점에서 물건을 사거나 일을 의뢰하면, 결국 이윤이나 금리 같은 형태로 지역의 자본이 중앙으로 흡수된다.

지역 안에서 자본이 돌면 지역에서 고용이 증가하고, 자동차로 이동하는 일이 감소해 결론적으로 이산화탄소 배출도 줄어든다. 최근에는 전국적으로 보급된 가정용 태양광발전을 네트워크화한 시민 전력이 형성되어 그 지역에서 생산한 농산물, 가공식품은 물론 지역에서 생산한 에너지를 지역에서 소비하는 '지산지소地産地消'가 에너지적 측면에서도 확산되고 있다.

그 밖에 물물교환적인 방식으로 물건을 주고받는 사람들도 있고, 고객이 숙박료를 정하게 하는 '도네이션 방식'으로 게스트하우스를 운영하는 친구도 있다.

우리도 2001년에 개최된 가드닝 쇼에 참가했을 때, 그 자금을 '가든 채권'이라는 사적 채권으로 모집한 적이 있다. 이때 한 구좌당 1만 엔이나 하는 채권을 몇십 구좌 구입해 준 사람들이 있어 나중에 물어보니, 정원 만들기를 위한 계약금으로 사 준 것이었다. 또 소액으로 구입한 사람도 이를 계기로 가지치기

일을 부탁하고 싶다면서 대금 일부를 채권으로 지급했다. 한마디로 채권을 발행하면서 일도 얻게 된 셈이다. 만약 은행에서 자금을 빌렸다면 이자가 발생할 뿐만 아니라, 이렇게 일과 사람이 연결되는 일도 일어나지 않았을 것이다.

해외에는 '감가減價 화폐'(시간이 지날수록 가치가 하락하는 화폐)가 있다. 가와무라 아쓰노리와 그룹 겐다이가 쓴 《엔데의 유언》에 따르면 1932년에 독일에 있는 잘츠부르크 근교의 뵈르글(인구 4300명)이라는 마을에서는 마을의 재정을 재정립하기 위해 매달 1퍼센트씩 가치가 하락하는 지역통화 화폐를 발행했다고 한다(발행한 화폐 기준 1퍼센트로, 100원의 경우 한 달이 지나면 99원이 되는 것이다). 종이 티켓 앞면에 12개월로 나누어진 칸이 있고, 매달 1퍼센트에 해당하는 스탬프(증명서와 같은 것)를 붙여야 해서, 1년 동안 가지고 있으면 12퍼센트의 화폐 가치가 하락하는 셈이다. 마을은 이 스탬프로 벌어들인 돈을 빈곤층 구제에 사용했다. 다음은 이때 선언한 말 중 일부다.

"제군이여! 모아만 두고 순환하지 않는 화폐는 세계를 커다란 위기로 내몰고, 인류를 빈곤에 빠지게 한다. (중략) 사람은 자신이 만들어 낸 노동을 교환하며 살아가고 있다. 더디게 순환하는 돈이 이러한 노동 대부분의 교환에 걸림돌이 되어, 노동하고자 하는 몇백만이나 되는 사람들의 경제생활 공간을 빼앗고 있다. 노동의 교환을 촉진하고, 그곳에서 소외된 사람들을 다시 불러들여야만 한다. (이하, 생략)"

본래 돈과 상품은 가치가 동등하기 때문에 교환할 수 있다는 전제가 있다. 하지만 상품은 낡아도 돈은 그렇지 않다. 특히

정원에서 얻을 수 있는 화폐란?

음식물은 부패하기 전에 팔거나 먹지 않으면 가치가 사라져
버리는데, 돈은 오랫동안 많이 가지고 있을수록 낡기는커녕
이자로 가치를 높일 수 있다. 가치가 동등해야 할 돈과 상품이
그렇지 않은 것이다. 이것이 다양한 경제문제를 불러오는
커다란 요인 아닐까? 그렇다면 돈을 점점 '낡게 만들면' 된다.
마이너스 이자 같은.
이렇게 되면 시간이 경과하면서 돈도 낡아 버리기 때문에
지역통화를 가지고 있는 사람은 계속 사용하게 되고, 지역
경제가 점점 활성화되어 갈 것이다. '돈은 많이 있는 곳에 모여
든다'는 현재의 구조와는 정반대되는 구조다. 어쩌면 이런
지역통화는 경제 시스템을 뿌리째 바꿀 수 있는 계기를
만들어 줄지도 모른다.
코로나19 사태 이후, 지방으로 이주하는 사람이 늘고 있다.
지역에 있는 오래된 것을 소중히 여기며 이주자가 그 지역에
새로운 바람을 일으켜 점차 활기를 띠면, 지방은 도시에는 없는
매력으로 넘쳐나는 장소로 자리매김할 것이다.

마을산 뒷산

1950년대 중반에서 1960년대 중반 정도까지는 생활하는 곳과
가까운 곳에 마을산이라 불리는 잡목림이 있었다. 사람들은

그 토지 특유의 지형이나 기상 조건을 활용해 논밭을 일구어 순환형 생활을 했다. 잡목림과 인간의 관계는 조몬시대(일본의 선사시대 중 하나로, 대체로 한국의 신석기 시대)로 거슬러 올라간다. 정착 생활을 하기 시작한 조몬시대 사람들은 근처에 있는 잡목림에 사는 동식물로부터 먹을거리나 생활에 도움이 되는 것을 얻었다. 이러한 관계는 바로 최근까지 1만 년 이상이나 이어져 왔다. 하지만 고도 경제성장 시기에 들어서면서 이런 생활은 완전히 쇠퇴했다. 그렇게 손이 미치지 않아 잡목림이 황폐해지자 원숭이나 사슴, 곰이 늘어난 것이 아니냐는 말도 있다.

목재용 나무를 얻기 위해 숲을 조성한 산과 달리, 잡목림은 보다 일상생활에 뿌리를 둔 산이다. 마을과 가까워 '마을산'이라 불리며, 사람들의 생활에 윤택함을 가져다주었다. 잡목림에서 장작이나 숯, 버섯을 재배하기 위한 골목榾木(버섯균이 퍼져 있는 버섯 재배용 원목), 퇴비로 사용할 낙엽을 얻었다. 자주 손 본 잡목림이나 농약을 사용하지 않은 논은 다양한 생물의 서식지가 되었다. 사람이 자연을 이용해 자연을 풍요롭게 해 온 것이다.

최근에는 계단식 논을 쇠퇴시키고 싶지 않다며, 각지에서 계단식 논을 보호하는 운동이 활발히 일어났는데, 마을산도

마을산과 비오톱을 조합한 마을 톱 가든을 이미지화한 그림.
잡목림에 수전, 음료를 만드는 장소, 사람들이 모이는 장소까지 만들어 놓았다.

부디 지역 사람들의 손으로 예전처럼 돌보면서 이용할 수 있게 되었으면 좋겠다.

우리는 '마을산'과 '비오톱'을 합친 말로 '마을 톱 가든'을 주장하고 있다. 잡목림 안에 트리 하우스를 만들어 완만한 내리막 경사를 따라 밭, 논, 못 등을 조성해, 들판같이 형성된 곳에는 사람들이 모이고 행사도 열 수 있는 지붕 딸린 무대나 야외 화로, 숯가마 등도 설치했다. 지역 사람들이 자유롭고 부담 없이 참가할 수 있는 곳으로 만들고 싶다. 노래나 악기, 연극이나 전통 예능 등 다양한 퍼포먼스를 펼칠 수 있다면 즐거울 것이다.

지금은 매우 보기 드물지만, 지방에서는 예로부터 그 지역의 아이와 어른 들이 연기할 가부키 역할이 있고, 이를 위한 작은 무대도 있었다. 새로운 형식으로 그런 공간이 생기면 좋겠다. 그곳에서 피자를 굽거나 이모니카이(일본 도호쿠 지방의 연례행사 중 하나로 지역 향토 요리인 이모니를 함께 먹는 것) 같은 것을 하거나, 공동 음식물쓰레기 퇴비함 혹은 생태 화장실도 설치한다. 이렇게 해서 모내기를 하거나 수확하며 일상생활 속에서 공동 작업을 할 수 있게 되면, 농지도 되살아날 것이다. 비상시 연계나 상부상조도 평소 이곳에서 익혀 두는 것이다. 이곳에서 수확한 수확물은 '어린이 식당'같이 필요한 사람에게 나누어 줄 수 있는 시스템으로 만들어 둔다.

한 사람도 빠짐없이 모두 안심하고 살아갈 수 있게 한다!

뜬구름 잡는 소리처럼 들릴지 모르겠지만 일단 이런 일이라도 하지 않으면 시작도 할 수 없다. 이것이 바로 '생명이 순환하는 정원'이라고 생각한다.

나가노현에 있는 도네이션 방식의 게스트하우스
'샨티크티Shanthikuthi'의 정원에 설치된 숯가마.
사진_우스이 도모코

문명의 위기
왜 정원을 만드는 데 오가닉이 중요한가

먹을거리가 유기농인지 아닌지 신경 쓰는 사람은 많아도, 정원이 '오가닉'인지 아닌지에 관심을 두는 사람은 그다지 많지 않다.

어느 날, 우리 강연회에 참가한 여성이 "계속 컨디션이 좋지 않아 갱년기 장애가 길어진다고 생각했어요. 그런데 오늘 강연을 듣고 제가 화학물질과민증일 수도 있다는 생각이 들더군요. 남편이 곤충을 너무 싫어해서 봄부터 가을까지 늘 '소독'을 한다며 살충제를 뿌려 대고 있으니까요"라는 말을 했다. 정원이라는 가장 친숙한 생활공간에서 이렇게 무감각하게 농약이나 화학비료를 사용하고 있다.

'소독'이라는 청결하고도 위생적인 이미지를 풍기며 살충제가 살포되고 있는 것이다. 농약 대부분이 독극물로 지정되어 있으니 실은 '독을 없애는 것'이 아니라 '독을 더하는 것'이다.

또 식물을 키울 때는 오가닉이 중요할 수도 있지만, 정원을 만들 때는 오가닉이 그다지 관련이 없다고 생각하는 사람이 있을지도 모른다. 하지만 정원 구성에는 다양한 요소가 포함된다. 예를 들어 나무 덱이나 펜스 등 구조물이 열대우림 등에서 베어 낸 목재로 만든 것은 아닌지, 도료에 화학물질이 함유되어 있지 않은지, 폐기할 때 대량의 플라스틱 쓰레기를 배출하지 않는지 등을 생각해 보는 것은 매우 중요하다. 최근에 미세 플라스틱 쓰레기가 큰 문제로 대두하고 있는데, 농업 자재 중 하나인 피복비료(코팅비료)도 그 원인 중 하나다. 피복비료란 화학비료를 천천히 스며들게 하려고 플라스틱으로 코팅한 것이다. 논에 살포되면 코팅한 플라스틱이 미세 플라스틱 쓰레기가 되어 논에서 강으로, 강에서 바다로 흘러들어 간다.

유기有機라는 말

이 책 앞부분에서 오가닉을 설명할 때 '유기'라는 말을 했다. 유기인계 살충제나 유기용제 등 석유화학공업 제품에도 '유기'라는 말이 사용되기 때문에 고객에게 질문을 받은 적이 있다. 이는

최근 광범위하게 발견되고 있는 외래 생물 노린재 *Erthesina Fullo*.

원료인 석유가 유기화합물이라 '유기'가 붙은 것이다.

유기화합물이란 본래 생명 활동으로 만들어지는 것으로, 당류, 아미노산, 단백질 등을 말한다. 하지만 지금은 인공적으로 합성할 수 있기 때문에 간단히 말하면 탄소와 수소를 기본으로 한 것을 유기화합물이라 부른다.

석유도 아주 먼 옛날 생물의 사체가 퇴적되어 만들어진 것이기 때문에 유기화합물로 분류된다. 문제는 플라스틱을 비롯한 석유화학 제품 대부분이 생분해되지 않는다는 사실이다. 그래서 환경오염을 유발하거나 생물의 체내로 들어가 환경호르몬으로 생명 활동을 교란하고, 인체에도 여러 악영향을 미친다.

예방 원칙이라는 사고방식

현재 특히 문제가 되는 것이 니코틴 분자를 활용한 니코틴계 살충제 네오니코티노이드Neonicotinoid다. 네오니코티노이드는 환경보호에 주력하는 에코 파머(친환경 농업 종사자) 들도 사용한다. 제초제의 원료로 잘 알려진 글리포세이트Glyphosate(유기인화합물로 대표적인 제초제지만 유해성이 크다고 알려져 있다)도 마찬가지다. 이 두 화학물질은 환경이나 인체에 미치는 영향이 커서, 전 세계적으로 금지하거나 규제하는 방향으로 나아가고 있다.

하지만 일본에서는 오히려 규제가 느슨해지고 있다. 그리고 조만간 금지된다고 해도, 이를 대신할 화학물질이 끊임없이 등장할 것이다.

왜 이렇게 다람쥐 쳇바퀴 돌 듯 악순환이 반복될까. 미국이나 유럽에서는 주류가 되고 있는 '예방 원칙'이 일본에서는

많은 사람이 함께 관리하기 때문에 커뮤니티 가든에서는 오가닉이 기본이다.

받아들여지지 않기 때문이다. 예방 원칙이란 화학물이나 유전자조작 같은 신기술을 상품화하려 할 때, 사람의 건강이나 환경에 중대한 영향을 미칠 가능성이 있는 것은 과학적으로 인과관계가 충분히 증명되지 않았어도 규제 조치를 취할 수 있다는 개념이다. 쉽게 풀어 말하자면 '의심스러우면 사용하면 안 된다'는 것이다.

현재 특히 문제가 되는 것은 상품의 장점만 강조하고 폐해는 알려 주지 않는다는 점이다. 폐해를 알려 주지 않으면 올바로 선택할 수 없다. 국가도 기업도 예방 원칙에 준한 제도에 따라 어떤 폐해가 있는지 제대로 표시하고 시민이 쉽게 이해할 수 있도록 전달해, 무엇을 선택하면 좋을지 판단하도록 했으면 좋겠다. 편중된 정보만 가지고 판단할 수밖에 없는 사회는 자유롭지 못한 사회다. 오가닉이란 위험성을 줄이는 생활 방식이기도 하다.

방사성 물질의 문제

방사성 물질도 사람이 만들어 낸 골칫덩이다. 방사성 물질의 반감기는 원자 수가 절반으로 줄어드는 기간이다. 가령 원자력발전소 사고로 방출된 세슘137은 반감기가 30년이다. 60년이 지나야 겨우 4분의 1이 되고, 핵분열 전 방사선 레벨이 되려면 반감기의 약 10배, 대략 300년이라는 세월이 걸린다.
플루토늄의 경우 반감기가 2만4000년이기 때문에 대략 24만 년이 걸린다.

또 원자력발전소는 사고가 발생하지 않아도 사용된 핵연료의 방사성 폐기물을 30~50년 동안 냉각한 후 깊이 300미터 이상의 안정된 지층에 10만 년 동안 가두어야 한다. 전 세계의 원자력발전소 입지 주변은 유방암 발생률이 높다는 보고가 있다. 체르노빌이나 후쿠시마 등 초대형 원전 사고가 발생한 지역에서는 역학적으로 어린아이들의 갑상선암 발생률이 비약적으로 높아지고 있다. 하지만 일본에서는 국가적으로 원전 사고가 그 원인이라고 인정하지 않는다.

정원의 세계라고 해서 방사능과 무관하지 않다. 일본에서 유일한 우라늄 광산인 오카야마현 닝교토게의 우라늄 잔토로 벽돌을 만들어 농림수산성이나 문부과학성의 성내 화단 등에 사용했으며, 원하는 일반인에게도 판매되었다. 레벨이 낮은 방사성 폐기물로 벤치도 만들고 있다.

이뿐만 아니라 동일본대지진 때문에 발생한 후쿠시마 제1원전 사고로 누출된 방사성 물질에 오염된 콘크리트 잔해로 재활용한 쇄석이나 시멘트 등도 제작한다. 오염된 토양을 토지 조성이나 화단의 흙 등으로 이용한다는 계획도 있다.

오가닉 가든이라면 수많은 무당벌레류가 찾아온다.

사이타마현 도코로자와시에 있는 환경성 환경조사연구소나
신주쿠공원의 화단에서 실증 실험을 실시할 예정인데, 오염된
토양이 전국적으로 확산하는 것이 아니냐는 비판이 있다.
그럼에도 이러한 오염 물질을 가장 먼저 사용하는 곳이
정원이고 공원이다.
이처럼 농약이나 방사성 물질은 환경에 확산되면 생태계를
교란하고 인체에도 커다란 위협이 될 수 있다.

정말 더러운 것

생태계에서 보았을 때, 정말로 더러운 것이란 어떤 것일까. 인간
사회에서는 분뇨, 진흙, 균, 어떤 경우 곤충 등도 더러운 것으로
취급받는다. 하지만 생태계 내에서 분뇨는 생명체에서 생명체로
유기물(영양소)을 주고받는 중요한 역할을 담당한다. 대형
동물의 분뇨는 소형 동물이나 곤충, 그리고 토양과 균의 중요한
먹잇감(영양원)이 된다.
진흙은 생태계의 기초가 되는 것으로 낙엽이나 시든 식물,
동물의 사체나 분뇨 등의 유기물을 분해하는 토양 미생물이
활동하는 곳이다.
그리고 인간 입장에서 보면 '해충'으로 취급되는 진딧물 등도
수많은 동물의 먹이가 되는 '육지의 플랑크톤'과도 같은 존재다.

미생물이 유기물을 분해하면, 분해된 유기물이 무기물이 되고 흙이 되고 식물의 영양분이 된다. 식물은 유기물을 만들어 내고, 초식성 곤충이나 동물들의 먹이가 되어 생태계 순환을 뒷받침하고 있다.

생태계에서는 모든 것이 순환하기 때문에 폐기물이나 오물은 없다. 생태계의 오물, 유해물이 있다면 그것은 분해되지 않아 순환을 저해하는 화학물질이나 방사성 물질, 즉 인간이 만들어 내는 것이 아닐까.

새로운 정원문화

10년 정도 전까지 자동차의 상태가 좋지 않을 때 손재주가 있는 사람이라면 보닛 뚜껑을 열고 고칠 수 있었다. 재봉틀도 망가지면 재봉틀 수선집에서 고쳐 주었다. 그런데 모든 것이 전산화되면서 이제 자동차나 재봉틀도 정밀 전자 기기 장치가 되어, 우리가 스스로 고쳐 보려고 해도 뭐가 뭔지 알 수 없게 되었다. 모든 것이 전산화되면서 생활이 확실히 편리해졌지만, 편리함이 10배가 되면 위험성도 10배가 된다는 사실을 뼈저리게 깨닫고 있다.

정원의 세계는 비교적 로 테크 low tech(첨단 기술이 아닌 단순한 기술)에 속할지 모른다. 하지만 본 적 없는 모종이 끊임없이 등장해,

천수국(마리골드)에 내려앉은 팔점박이들명나방.
식물에 해를 끼치고 있는 것이 아니다.

새로운 것을 좋아하는 정원사들의 혼을 쏙 빼놓고 있다. 지금은 바이오 기술로 푸른 장미도 만들어 낼 수 있다.

오랜 세월에 걸쳐 각지에서 다양한 문화가 형성되어 이어져 내려왔다. 일본에서도 옛날에는 그 지역의 재료와 기술로 가옥을 만들었다. 그래서 방의 배치나 크기가 제각각 달라도, 거리는 통일감이 있고 아름다웠다. 그 집과 잘 어우러지는 정원도 두말하면 잔소리다. 집과 정원이 조화를 이루며 서로를 돋보이게 했다고 생각한다.

언제나 새로운 것을 사들이거나 자동화해 생활을 풍요롭게 할 것이 아니라 보다 지역의 문화나 기술을 활용할 필요가 있지 않을까. 모든 것을 지역에서 조달할 수는 없어도, 적어도 대량생산된 것이 아니라 신뢰감과 친밀감을 갖춘 관계에서 만든 것을 사는 것이 좋지 않을까.

우리는 편리함에 이끌려 진정한 풍요로움을 잃었는지도 모른다. 다시 한번 진정한 삶을 내 손으로 되돌려 보자. 이 또한 '오가닉'한 삶이라 할 수 있을 것이다. 그리고 편리함이 아닌 '사용하기 편리한'을 키워드로 유행에 휩쓸리지 않고 편리에 휘둘리지 않는 새로운 정원문화, 생활문화를 만들어 나가면 좋겠다.

퍼머컬처와 전환마을

호주의 빌 몰리슨이 제창하고 실천한 퍼머컬처는 가능한 한 에너지 소비량을 줄이는 생활로 영구적이고 지속 가능한 인간 환경을 조성하기 위한 디자인 체계를 뜻한다.

사실 일본에는 예로부터 퍼머컬처적 사고방식이 있었다. 지형을 이용해 계단식 논을 만들고, 대나무 숲을 관리해 대나무를 이용하고, 잡목림에서 장작을 얻는 '전원생활'이다. 이러한 것들을 체계화한 것이 퍼머컬처라 할 수 있다. 오가닉 가든은 규모 면에서는 그보다 작지만, 사고방식으로 보았을 때는 비슷하다. 우리도 나선형 화단이나 지형을 활용한 정원 만들기, 다목적으로 사용할 수 있도록 만드는 등 인간과 자연이 더불어 살아가는 데 필요한 다양한 방법을 참고한다.

사회 속에서 사람과 사람의 연계나 공생을 중시하는 '전환마을'도 있다. '지혜나 경험을 공유해 안심할 수 있는 커뮤니티를 확장해 간다'는 개념을 바탕으로, 지속 가능한 사회로 전환한다는 개념이다. 자신의 생활로만 끝나는 것이 아니라, 사람과 맺는 관계를 유기적으로 만들어 나가며 지역에 뿌리를 둔 활동을 하고 있다. 기본적으로는 지역에 사는 세 명 이상 사람들이 정기적으로 미팅을 개최하면 조직할 수 있다. 구성원이 지역통화, 영화 상영회, 마르셰 운영, 커뮤니티 가든 등의 활동에도 적극적으로 관여하는 곳이 많다. 이를 통해 현재 살고 있는 지역을 보다 살기 편하고, 재해에 강하고, 누구나 참여할 수 있는 곳으로 변모시키고자 하는 대중적인 활동이다.

전환마을의 개념 중 가장 기발한 점은 '세 개의 H'다. 언제나 Hand(손), Head(머리), Heart(마음)의 균형을 맞추기 위해 노력한다는 것이다. 이들 모두 대안적인 새로운 생활 방식을 제창하고 있고, 이는 앞으로 더욱더 필요한 생활 방식이라 생각한다.

맺음말

우리가 첫 번째 책 《오가닉 가든 북》을 출간한 후 20년 이상의 세월이 흘렀다. 그동안 사회도 많이 변했고, 오가닉이라는 말도 많이 알려진 것 같다. 특히 동일본대지진이라는 큰 사고가 있었다. 그때 지진과 해일이라는 자연재해뿐만 아니라, 원자력발전소 사고로 누출된 방사성 물질이라는 인위적으로 만들어 낸 물질 때문에 사람들은 고통을 맛보았다. 특히 유기농업이나 오가닉 원예를 하던 사람일수록 방사능에 직격탄을 맞았다. 눈앞에 닥친 경제 효율을 우선시하면서, 우리는 커다란 대가를 치러야만 했다.

이러한 상황에서 우리는 다시 일어나 걸어 나갔지만, 그로부터 진지하게 무언가를 깨닫게 되었을까? 지금은 SDGs(지속 가능한 발전 목표)라는 말이 널리 퍼졌지만, 기업의 면죄부처럼 사용되고 있는 경우도 많다. 하지만 이러한 상황이기 때문에 가장 가까운 자연인 정원에서 많은 것을 배울 수 있을 것 같다.

한 권의 책을 마치고 보니, 약 30년간 우리가 수많은 정원을
만들어 왔다는 사실도 실감하게 된다. 돌이나 등롱燈籠(돌, 나무
또는 금속으로 만든 전통 등불의 일종), 석가산 같은 것들이 있는 오래된
일본식 정원을 탈바꿈시킨 적이 있다.
정원의 돌은 허브 암석정원으로 만들고, 수납이나 수전을
더해 사용하기 편리한 정원으로 꾸몄다. 집에 둘러싸인 도심의
자그마한 정원에 나무 덱이나 높이화단을 만들어 바람이
잘 통하게 한 적도 있다.
우리에게 정원을 만들어 달라고 부탁한 사람들은 가드닝에
흥미가 있다기보다 정원은 있지만 흙을 손에 묻히고 싶지는
않고, 이왕 있는 정원을 꼴보기 싫지 않게, 혹은 또 하나의
생활공간 같은 느낌으로 사용하고 싶어 하는 경우가 대부분이다.
자연의 혜택을 순환시키고 싶어 하는 사람도 많다.
사용하기 편리한 오가닉 가든은 누구에게나 친환경적이면서
즐겁고, 재해가 발생했을 때 도움을 받을 수 있는 공간이 된다.
최근에 증가하고 있는 재택근무자에게도 안성맞춤일 것이다.
이런 식으로 정원의 가능성이 좀 더 확장되었으면 좋겠다.
졸작이 번역되어 종종 강연하러 가는 한국의 경우 도심 주택은
거의 고층 주택이라, 흙을 접하고 싶어도 그럴 수 없는 사람들을
위해 마을 만들기가 이루어지고 있다고 한다. 그리고 그곳을

관리하고 운영하는 리더인 '마을 정원사'를 육성하는 활동도
활발한데, 오가닉 가든 관리를 목표로 하는 곳도 많다고 한다.
한발 뒤처지기는 했지만 일본에서도 가까운 미래에 그렇게
되지 않을까 기대하고 있다. 앞으로 다양한 부분이 '로봇화'되어
생활이 편리해질수록 사람들은 더욱더 녹음을 원하게 될 것이다.
그때 이 책이 여러분에게 아이디어의 원천이 되었으면 좋겠다.
이 책의 편집을 맡은 구로다 도모미 씨에게 많은 신세를
졌다. 좀처럼 진도를 내지 못하는 우리를 끝까지 참고 견뎌
주어서 이 책을 마칠 수 있었다. 디자이너 다나카 아케미
씨와 일러스트레이터 하세가와 다카코 씨는 언제나 우리 책을
멋지게 만들어 주어, 완성된 책을 기다리며 설레는 기분을 맛볼
수 있었다. 사진은 수많은 분의 도움을 받았다. 여러분의 협력
덕분에 멋진 한 권의 책을 탄생시킬 수 있게 되었다. 진심으로
감사드린다. 이분들의 이름은 각 사진 밑에 정리해 넣었다.
그리고 마지막까지 읽어 준 독자 여러분, 고맙습니다.
작은 정원에 담긴 거대한 우주를 마음껏 즐겨 주시길!

2023년 10월, 어느 좋은 날
히키치 도시·히키치 요시하루

참고문헌

*원서 순서대로 정리

- 《공원의 유니버설 디자인 매뉴얼: 인간이나 자연과 친숙한 공원을 목표로 公園のユニバーサルデザインマニュアル: 人と自然にやさしい公園をめざして》, 都市緑化技術開発機構公園緑地バリアフリー共同研究会編、鹿島出版会

- 《커뮤니티 가든: 시민이 추진하는 녹색 마을 만들기 コミュニティガーデン: 市民が進める緑のまちづくり》, 越川秀治著、学芸出版社

- 《녹색 커뮤니티 디자인 みどりのコミュニティデザイン》, 中瀬勲＋林まゆみ編、学芸出版社

- 《이런 공원을 원한다: 주민이 만드는 공공 공간 こんな公園がほしい: 住民がつくる公共空間》, 小野佐和子著、築地書館

- 《스웨덴의 지속 가능한 마을 만들기: 내추럴 스텝이 이끄는 커뮤니티 개혁 スウェーデンの持続可能なまちづくり: ナチュラル・ステップが導くコミュニティ改革》, サラ・ジェームズ＋トルビョーン・ラーティー著、高見幸子監訳編著、伊波美智子解説、新評論

- 《일본 재생의 룰 북: 내추럴 스텝과 지속 가능한 사회 日本再生のルールブック: ナチュラル・ステップと持続可能な社会》, 高見幸子著、海象ブックレット

- 《영국의 지속 가능한 지역 만들기: 파트너십과 로컬리제이션 英国の持続可能な地域づくり: パートナーシップとローカリゼーション》, 中島恵理著、サスティナブル・コミュニティ研究所企画、学芸出版社

- 《퍼머컬처 텃밭 입문: 자연의 구조를 활용한 가정 텃밭

パーマカルチャー菜園入門: 自然のしくみをいかす家庭菜園》、設楽清和監修、家の光協会

◎ 《퍼머컬처: 자급자립의 농업적인 생활로パーマカルチャー: 自給自立の農的暮らしに》、
パーマカルチャー・センター・ジャパン編、創森社

◎ 《내추럴 가든 북: 가든의 포괄적인 어프로치ナチュラルガーデンブック ガーデンの包括的アプローチ》、ピーター・ハーパー著、クリス・マデセン+ジェレミー・ライト共著、木塚夏子訳、産調出版

◎ 《장애자 고령자를 위한 배리어 프리 가드닝障害者高齢者のためのバリアフリーガーデニング》、エンパワメント研究所著、筒井書房

◎ 《시민 참가와 도시 개발市民参加と都市開発》、ハンス・B・C・スピーゲル編、田村明訳、鹿島出版会

◎ 《활용해 연구하는 비의 건축도活かして究める雨の建築道》、日本建築学会編、技報堂出版

◎ 《커뮤니티 디자인: 사람이 연결되는 구조 만들기コミュニティデザイン: 人がつながるしくみをつくる》、山崎亮著、学芸出版社

◎ 《프리 스타일 가드닝: 식물의 힘을 이끌어 내는 다섯 가지 발상フリースタイル・ガーデニング: 植物の力を引き出す5つの発想》、高田昇著、創元社

◎ 《핸드북: 어린이를 위한 지구 만들기ハンドブック: 子どものための地域づくり》、あしたの日本を創る協会編、晶文社

◎ 《워크숍: 주민이 주체가 되는 마을 만들기 방법론ワークショップ: 住民主体のまちづくりへの方法論》、木下勇著、学芸出版社

◎ 《런던의 가드닝ロンドンのガーデニング》、ジュウ・ドゥ・ポウムédition PAUMES著、主婦の友社

◎ 《북유럽 스톡홀름의 가드닝北欧ストックホルムのガーデニング》、ジュウ・ドゥ・ポウムédition PAUMES著、主婦の友社

- 《폴 스미더의 가든 강좌: 식물 선택부터 심기까지ポール・スミザーのガーデン講座: 選ぶことから植えるまで》, ポール・スミザー著、藤井徹写真、宝島
- 《살아남기 위한 디자인生きのびるためのデザイン》, ヴィクター・パパネック著、阿部公正訳、晶文社
- 《인간을 위한 디자인人間のためのデザイン》, ヴィクター・パパネック著、阿部公正・和爾祥隆訳、晶文社
- 《지구를 위한 디자인: 건축과 디자인의 생태학과 윤리학地球のためのデザイン: 建築とデザインにおける生態学と倫理学》, ヴィクター・パパネック著、大島俊三+村上太佳子+城崎照彦訳、榮久庵憲司序文、鹿島出版会
- 《누구를 위한 디자인?: 인지과학자의 디자인 원론誰のためのデザイン？: 知科学者のデザイン原論》, D・A・ノーマン著、野島久雄訳、新曜社
- 《사람은 왜 정원 일로 행복해질 수 있는가: 첫 번째 정원 이야기人はなぜ、こんなにも庭仕事で幸せになれるのか: 初めての庭の物語》, エイミィ・スチュワート著、J・ユンカーマン+松本薫訳、主婦と生活社
- 《영국에서 즐기는 그린 홀리데이 〈녹색 서적〉〈청색 서적〉イギリスで楽しむグリーンホリデー〈緑の巻〉〈青の巻〉》, パックストン美登利+ヒュー・パックストン著、築地書館
- 《언덕 꼭대기의 정원: 꽃 달력丘のてっぺんの庭: 花暦》, 鶴田静著・文、エドワード・レビンソン写真、淡交社
- 《나무 힐링: 인간과 나무, 이 두 존재의 에너지 일체화로 얻을 수 있는 것木のヒーリング: 人間と木、この２つのエネルギーの一体化から得られるもの》, パトリス・ブーシャルドン著、今井由美子訳、産調出版
- 《전쟁과 농업戦争と農業》, 藤原辰史著、集英社インターナショナル
- 《나치 독일의 유기농업: '자연과의 공생'이 만들어 낸 '민족 말살'

ナチス・ドイツの有機農業: '自然との共生'が生んだ'民族の絶滅'》、藤原辰史著、柏書房

◎ 《나치의 키친: 먹는 것의 환경사 ナチスのキッチン: 食べることの環境史》、
藤原辰史著、共和国

◎ 《정원 일의 진수: 노화·병·트라우마·고독을 치유하는 정원 庭仕事の真髄: 老い・病・トラウマ・孤独を癒す庭》、スー・スチュアート・スミス著、和田佐規子訳、築地書館

◎ 《커밍 백 투 라이프: 생명으로 돌아가기: 기후 위기 시대 거대한 전환을 위한 안내서 カミング・バック・トゥ・ライフー: 生命への回帰: つながりを取り戻すワークの手引き》、ジョアンナ・メイシー＋モリー・ヤング・ブラウン著、齊藤由香訳、サンガ

◎ 《엔데의 유언: 삶의 근원에서 돈을 묻는다 エンデの遺言: 根源からお金を問うこと》、河邑厚徳＋グループ現代著、講談社

◎ 《슈타이너의 학교·은행·병원·농장: 인지학이란 무엇인가? シュタイナーの学校・銀行・病院: 農場 アントロポゾフィーとは何か?》、ペーター・ブリュッゲ著、子安美智子＋クリストリーブ・ヨープスト訳、学陽書房

◎ 《지보론: 지구를 구하는 지역의 지혜 地宝論: 地球を救う地域の知恵》、田中優著、子どもの未来社

◎ 《장작 스토브 대전: 따뜻한 불꽃이 있는 생활을 100퍼센트 즐기기 위한 완벽 가이드 薪ストーブ大全: 暖かな炎のある暮らしを100％楽しむためのコンプリート・ガイド》、'꿈의 통나무 오두막집에 살기 夢の丸太小屋に暮らす'、編集部編、地球丸

◎ 《장착 스토브 책: 장작 에너지와 장작불을 지피는 사람의 인생 薪ストーブの本: 薪エネルギーと、薪焚き人の人生》、ウィリアム・ブッシャ、ステファン・モリス著、バーモント・キャスティングス編著、田渕義雄訳、晶文

◎ 《오두막의 힘: 마이크로 아키텍처 小屋の力: マイクロ・アーキテクチャー》、

仙波喜代子·今井今朝春構成、ワールドフォトプレス

◎ 《오두막 입문: 짓는 방법, 사는 방법, 즐기는 방법, 알기 쉽게 소개하는 오두막의 모든 것!小屋入門 Tiny House Manual: 建て方、買い方、楽しみ方小屋のすべてをやさしく紹介》、

◎ 《타이니 하우스 작은 집이 사상을 갖추다: Tiny houses タイニーハウス 小さな家が思想を持った: Tiny houses》、レスター・ウォーカー著、玉井一匡+山本章介訳、ワールドフォトプレス

◎ 《이마모리 미쓰히코가 안락한 숲속에서 보낸 12개월: 사진가의 아틀리에 '오를리앙의 정원'에서今森光彦の心地いい里山暮らし12か月: 写真家のアトリエ'オーレリアンの庭'から》、今森光彦著、世界文化社

◎ 《지구에서 살아가기地球の上に生きる》、アリシア・ベイ=ローレル著、深町真理子訳、草思社

◎ 《오가닉 가든 북: 정원에서 펼쳐지는 생활·일·자연オーガニック・ガーデン・ブック: 庭からひろがる暮らし・仕事・自然》、ひきちガーデンサービス 曳地義治+曳地トシ著、築地

◎ 《무농약으로 정원 만들기: 오가닉 가든 핸드북無農薬で庭づくり: オーガニック・ガーデン・ハンドブック》、ひきちガーデンサービス 曳地義治+曳地トシ著、築地書館

◎ 《벌레가 살고 있는 유기농정원 만들기虫といっしょに庭づくり: オーガニック・ガーデン・ハンドブック》、ひきちガーデンサービス 曳地義治+曳地トシ著、築地書館(동학사, 2011)

◎ 《정원 잡초와 사귀는 법: 오가닉 가든 핸드북雑草と楽しむ庭づくり オーガニック・ガーデン・ハンドブック》、ひきちガーデンサービス 曳地義治+曳地トシ著、築地書館(목수책방, 2020)

- 《24절기로 즐기는 정원 일 二十四節気で楽しむ庭仕事》, ひきちガーデンサービス 曳地義治＋曳地トシ著、築地書館

- 《처음 시작하는 나만의 정원수 가꾸기 - 정원수를 위한 가지치기 및 관리법 鳥・虫・草木と楽しむ オーガニック植木屋の剪定術》, ひきちガーデンサービス 曳地義治＋曳地トシ著、築地書館 (돌배나무, 2022)

- 《오가닉 가든 추천 オーガニック・ガーデンのすすめ》, 曳地トシ＋曳地義治著、創森社

- 《처음으로 손수 만드는 오가닉 가든: 무농약으로 안심·간편 はじめての手づくりオーガニック・ガーデン: 無農薬で安心・ラクラク》, 曳地トシ＋曳地義治著、PHP出版

- 《원자력발전소를 폐지해야 하는 100가지 이유: 에코 전력으로 창업한 독일의 쇼나우 마을과 우리 原発をやめる１００の理由: エコ電力で起業したドイツ・シェーナウ村と私たち》, 日本版制作委員会著、西尾漠監修、築地書館

- 공익 사단법인 미곡안정공급확보지원기구 홈페이지 公益社団法人米穀安定供給確保支援機構ホームページ '오코메모노시리존 お米ものしりゾーン' https://www.komenet.jp/_qa

- 《침묵의 지구: 당신의 눈앞에서 펼쳐지는 가장 작은 종말들 サイレント・アース: 昆虫たちの沈黙の春》, デイヴ・グルーソン著、藤原多伽夫訳、NHK出版

- 〈빅이슈 재팬 THE BIG ISSUE JAPAN〉, 특집 '조용히 사라져 가는 곤충들' 455호

- 《무농약으로 장미 정원을: 쌀겨 오가닉 12개월 無農薬でバラ庭を: 米ぬかオーガニック12カ月》, 小竹幸子著、築地書館

- 《쇼크 독트린: 재난 자본주의의 정체를 폭로하다 (상·하) ショック・ドクトリン: 惨事便乗型資本主義の正体を暴く (上・下)》, ナオミ・クライン著、

幾島幸子＋村上由見子訳、岩波書店

- 《마을을 변화시키는 도시형 농원: 커뮤니티를 육성하는 공터 활용

    まちを変える都市型農園: コミュニティを育む空き地活用》, 新保奈穂美著、学芸出版社

- 《잘 알려지지 않은 시라카와고: 마루 밑 염초가 마을을 만들었다

    知られざる白川郷: 床下の焔硝が村をつくった》, 馬路泰藏著、風媒社

- 《야외 친환경 화장실 이용하기 '분토糞土 사상'이 지구를 구한다

    葉っぱのぐそをはじめよう: '糞土思想'が地球を救う》, 伊沢正名著、山と渓谷社

- 주식회사 모키제작소 '연소기 무연탄화기 방치 죽림 탄화기'

    株式会社モキ製作所 '燃焼器 無煙炭化器 放置竹林炭化器' https://www.moki-ss.co.jp/burning/anthracite-equalizer

찾아보기

ㄱ

가든 키친　78
가레산스이枯山水　170
가림막　62, 71, 72, 77
가지치기　179~181
각다귀　66
갈대발　70, 71, 72
감귤류　102
개구리　11, 25, 106
개구리밥　166
개미　106, 124
거미　101, 103, 105
거북이등거미　106, 106
거위벌레　27
건조대　36, 37, 38, 188
게거미류　105
게릴라 가드닝　73
게릴라성 호우　170
경사(구배)　84
계분　92, 94
고령자　18, 24, 25, 182
고양이　33, 108, 110, 111

곤충호텔　11, 27, 104, 107, 108, 109
골재 노출 공법　174
곰　197, 202
곰팡이　115, 123, 153
공벌레　124
관엽식물　121
광합성　80, 81, 89, 138
구더기　115, 122, 123
균근균　80
균류　131
균사　81
그린 게릴라　73
그린 인프라　170, 172
글리포세이트　208
금붕어　166
금잔디　176
긴급 대책 외래종　16, 17
긴꼬리산누에나방　111
깡충거미　106
깨진 유리창 이론　193
깻묵　92, 94

꼬마수련　168
꽃잔디　13
꿀벌　197

ㄴ

나나니벌　104
나무 덱　22, 35, 37, 38, 39, 155, 161, 174, 183, 186, 188, 207
나무 패널　189, 191
나무 펜스　63, 191
나방　102, 197
나비　102
나선형 화단　59, 60, 184, 217
나치 정권　17
나한송　56, 179
낙엽　23, 52, 54, 55, 80, 81
낙엽수　54, 137, 144, 146, 186
낙엽 퇴비(퇴비함)　23, 31, 94
날파리　122
낯표스라소니거미　106
네오니코티노이드　208
노랑꽃창포　170
노랑딱새　99
노랑무당벌레　13
노래기　124
노린재　207

녹소토　92
녹화 조례　63
논　167, 202
농약　12, 13, 14, 15, 16, 22, 57, 58, 82, 89, 108, 110, 197, 206, 213
높이화단　20, 29, 37, 39, 58, 59, 161, 181, 182, 188
늘푸른나무　22, 29, 53, 54

ㄷ

다알리아　106
다이옥신　43, 115
단일 재배　13
단풍나무　180
대나무　51, 62, 101, 156, 217
　　대나무 숨틀　84~88
　　대나무 울타리　64~67
대문 앞 나무　56
더 내추럴 스텝　43, 44
덩굴장미　69
도그런 dog run　32
도마뱀　98, 107
도마뱀붙이　109
동박새　31, 97
동애등에　122
동일본대지진　24, 134, 155, 211,

234

동일본두꺼비　108, 111

두꺼비　114

들잔디　174

딱정벌레　27

딱정그리마　124

때까치　98, 100

（ㄹ）

라이트 트랩　102

램스이어　129

레인 가든(빗물정원)　170, 171, 172

로켓 스토브　155

리폼(수리)　181~184

（ㅁ）

마그네슘　80, 92, 95

마루　39, 40

마른 개천(건천)　84

마름돌　47, 184

마사토계 포장　47

마을 톱 가든　203, 204

마을산　201~205

맹금류　101

머위　129, 130

먹이사슬　15

멀칭　177, 178

무당벌레　110, 111, 212

무연탄화기　156

물 빠짐(배수)　48, 83, 84, 87, 160, 164

미네랄　120

미모사　30

미생물　57, 115, 116, 117, 118, 120, 121, 122, 128, 131, 214

미세플라스틱　62, 91, 207

민달팽이　108, 111, 114, 115

민새똥거미　103

（ㅂ）

바람막이　51, 144~147

바이오 네스트　125~128

바이오가스 플랜트　156

바크　47

바크 퇴비　92

박각시나방　25, 101, 102

박새　31, 97, 98, 111

반려동물　32, 75, 108~111

방범　61, 69, 192, 193

방부제　108, 155

방사균　123

방사능 오염　133, 234

방사성 물질　14, 15, 16, 210~214,
　　　　　234
방초 시트　174
방풍실　40, 42
배외주의　17
뱀　25
버드 스트라이크　142, 143, 144
버섯　81, 131, 132
벌　12, 109, 110, 167
베란다　189~191
벽돌　47, 49, 58, 107, 109, 113,
　　　145, 151, 184
병충해　13, 91, 195
보크사이트　61
봉당　40~42
부들레야　102, 103
부엽식물　166
부엽토　87, 90, 91, 92, 94
부처꽃　170
부후균　123, 180
비오톱　165, 203
비파나무
빗물　15, 23, 49, 91, 131, 151, 153,
　　　164, 170
빗물저금통　5, 31, 125, 137,
　　　161~164, 203

ㅅ

사냥벌　101
사마귀　98
사슴　202
산성비　91
산야초　51, 176
산초나무　102
살균제　14, 82
살수전　5, 37, 158
살충제　14, 22, 82, 206, 207, 208
삼백초　32, 178
삼잎국화　16, 17
새 모이통(버드 피더)　97
생울타리　63~64
생울타리 조례　63
생태계　6, 7, 14~16, 192, 213, 214
생태계 피라미드　12, 101
생태계 피해 방지 외래종 리스트　16
생태계의 균형　110
생태학자　17
서바이벌 가든　24
서양측백 '엘리간티시마'　53
석회　92, 94, 95
선룸　40, 42
세덤　174
소나무　56, 80, 179

솔라 쿠커　139~140
솔방울　107, 154
솔잎　47, 105
송사리　107, 166
송이버섯　80
쇠가죽파리　106
쇠뜨기　96
수납　74~79
수도　157~161
수력발전　147~148
수련 수반　165, 166
수전　158, 159, 160, 183
수질오염　91
수해　157
숙근초　29
순환　14~16, 23
슬로프　182
시냇물　164~165
시민 전력　198
신자유주의　185
심층생태주의　10
싱크대　41, 78
쑥　32

아보리스트(수목 관리 전문가)　179

안뜰　76, 187
알레르기　22, 26
알루미늄 섀시　36, 37
알루미늄 펜스　61~62, 183
암모니아　82, 95, 235
암석정원　59
애기동백나무　56
액비　121
야외용 화목 난로　150, 151
양미역취　32
양수 풍차　141
어린이 식당　195, 204
어스 오븐　152
여러해살이풀　22, 55, 57
여치　101
연못　167~168
염화칼륨　82
엽란　51
엽면시비　121
예방 원칙　208~210
오가닉　10~18
오가닉 스프레이　110
오목눈이　31, 99
오염된 토양　211, 21
옥상　32, 189
온돌　39

온실　78
옴개구리　107
왕거미　103, 105, 106
왕겨숯(훈탄)　87, 95
왕대　66
용수(로)　147, 169
우드 칩　47, 87
우물　169
우분　92, 94
우생학　17
원숭이　197, 202
원예치료　18
원자력발전소 사고　133, 210, 211, 234
월계수　30
유기비료　91, 92, 94
유기석회　94, 95
유기불소화합물PFAS　169
유니버설 디자인　24~25, 184
유자　29
유전자 변형　16
유지·관리　52~54
유칼립투스　30, 32
은백양　129
음식물쓰레기 수분 제거　117~118
음식물쓰레기 퇴비　91, 92, 114, 115
음식물쓰레기용 퇴비함　117~124
이끼　49, 104
인산　80, 90, 92
인터로킹　47, 174

ㅈ

자갈　47, 159, 160, 170, 174
자급자족　51
자연 에너지　133~148
자연석　47
작은키나무　52, 179
잔디깎이　177
잔디　176
잔디밭　68, 69, 177
잔디정원　22
잠자리　106, 167
잡목림　201, 204, 17
잡초　15, 22, 33, 49, 50, 57, 94, 95, 96, 174~178
장구벌레　107, 166
장미　51, 57, 184, 216
장작　24, 138~139, 152~154, 202
장작 난로　40, 78, 93, 137, 154
재생 가능 자원　66
재해 대비　5, 7, 52, 78, 125, 128,

134, 153, 161, 169, 170, 172
적옥토 90, 92
전체주의 17
전환마을 217
정수기 163, 164
정원 길 45~50
    흙으로 만든 정원 길 47~49
정원 등 133, 135
제초제 14, 82, 108, 208
조개껍데기 94, 95, 120
조닝zoning 45
조롱박벌 104
좁은 정원 74, 186, 187
주택가 52, 68, 155
죽통(매설법) 84~88
줄녹색박각시 102
중간 영역 35~42
중수(중수 이용) 131
쥐며느리 124
지구온난화 91, 133
지렁이 80, 98, 114
지산지소 198
지속 가능성 23~24
지역성 16~18
지역 특성 185
지역통화 185, 198~201, 217

지피식물 22, 57, 174, 176, 177
지하수 오염 15, 164, 169
직박구리 31
진달래속 나무 179
진딧물 110, 213
질산칼륨 92, 93
질산칼슘 95
질소 80, 90, 92, 93
질소비료 95, 169
징검돌 47

ㅊ

차고 77, 78
차독나방 110
차양 117, 137, 145
참빗살나무 31
천수국(마리골드) 215
천적 110
체르노빌 133, 211
초가지붕 79
초가집 40
초목회 92, 93, 94, 95
축열 41, 136~137
치자나무 97, 102
침엽수 53, 152, 155
침전통 160

침투층　160, 170

침투통　165

ㅋ

칼륨　80, 82, 90, 92, 95

칼슘　92, 95, 96, 120

캠핑(용품)　24, 75, 77, 150, 155

커뮤니티 가든　26, 73, 149, 192

커뮤니티 뱅크(시민뱅크)　185

콘크리트　47, 137, 145, 170, 174, 184, 211

큰금계국　16, 17

큰키나무　52, 179

클라인가르텐　34

클로버　174, 176

ㅌ

타일　37, 41, 137, 161, 174, 184

타임　174

탄산칼슘　95

탄소 중립　66

태양광(에너지)　23, 24, 136, 138, 139, 141, 144, 145

태양광 패널　31, 133, 134~136, 142, 143

태양광발전　133, 134, 142, 198

태양온수기　136

텃밭　34, 160, 181, 194, 195

테라스　37, 174

토양 미생물　25, 80, 81, 82, 83, 87, 88, 90, 93, 213

통로　45~50

통풍　70, 72, 137

퇴비　91~96

　뜸틀식 퇴비함　113

　퇴비 뒤집기　118, 122

　퇴비차　121

툇마루　35~37

트리 하우스　204

ㅍ

파시즘　17

파초　51

팔랑나비　103

팔점박이들명나방　215

퍼걸러　69, 76, 188

퍼머컬처　217

펜스　61~72

펭귄　16

폴리염화바이페닐PCB　43

풀 길이　22

품종 개량　82

풍력발전　24, 133, 141~144
플랑크톤　15, 214
플랜터　74, 189, 191
플루토늄　211
피복비료　207

ㅎ

한해살이풀　22, 29
항생물질　94
해충　58, 94, 112, 113, 174, 197, 213
햇빛　54, 58, 59, 117, 122, 187
헬리안투스 아르고필루스　129
현무암　145
혐기성 미생물　115, 116
호기성 미생물　115, 116
호랑나비　102
호르몬제　94
호리병벌　101, 103, 104
호스　136, 158, 159, 162
화덕　46, 78, 150, 151, 181
화장실
　수세식 화장실　52, 128, 130, 131, 156, 161
　바이오 화장실(생태 화장실)　128, 129, 204
화학물질　14, 15, 16, 23, 94, 108, 156, 207, 208, 209, 214
화학물질과민증　22, 26, 206
화학비료　12, 13, 82, 89~93, 207
환경호르몬　208
활엽수　152, 155
활착율　53
황산암모늄　82
회양목　179
휠체어　49, 58, 182
흙
　떼알 구조　82, 83
　홑알 구조　82, 83
　흙 속 미생물　25, 80
흙막이　48, 49, 59
흰개미　124, 125
흰개미 퇴치제　108, 155
흰수염깡충거미　106

역자 후기

지금은 '정원의 시대'라 해도 과언이 아니다. 비록 전 국민의 60퍼센트 이상이 아파트 생활을 하고 있지만, 사람들의 마음속에는 여전히 정원을 향한 '로망'이 자리 잡고 있다. 이러한 열망에 부응하듯 전국의 지자체에서는 다양한 식물 교육 프로그램을 무상으로 제공하며 정원문화 확산에 힘쓰고 있다. 시민정원사 교육, 도시농업관리사 교육 등을 통해 많은 사람이 정원 관련 기술을 배우고 있으며, 매년 전국 각지에서 정원박람회도 개최되고 있다. 이처럼 정원문화가 확산하는 지금, 우리는 어떤 철학을 가지고 정원을 대해야 할지 깊이 고민해 볼 필요가 있다.

이 책의 저자는 일본에서 오가닉 가든을 주제로 많은 책을 펴낸 부부 정원사다. 히키치 부부는 일본 오가닉 가든 협회JOGA를 설립하여 단순히 아름다운 정원이 아니라 연결과 순환이 있는 지속 가능한 정원 만들기, 건강한 생태계와 지구에

이로운 방식으로 정원을 만들고 가꾸는 방법을 안내하고 있다.
2011년, 히키치 가든 서비스의 책《벌레가 살고 있는 유기농
정원 만들기》를 한국에 처음 소개했다. 농약을 사용하지 않고
정원의 벌레들을 관리하는 방법을 소개하는 책이다. 그 책을
번역하면서 '오가닉 가든'이 어떤 것인지 더 알고 싶어졌고,
결국 그해 여름 일본으로 건너가 히키치 가든 서비스의 오가닉
가든 연수도 받았다.

오가닉 가든 연수는 원예를 전공하고 평생 정원교육과
정원문화 콘텐츠 개발에 힘써 온 나를 크게 흔들어 놓았다.
이 경험은 정원을 바라보는 관점뿐만 아니라 삶의 태도까지
바꾸어 놓았다. 이후 나는 많은 교육에서 단순히 아름다운
공간을 만드는 것에 그치지 않고, 환경과 생태를 살리는 정원
만들기의 중요성을 강조하고 있다. 아직까지도 정원 디자인과
관리 방법을 배우는 사람 대부분이 기술을 배우는 이유나 그
기술을 어떻게 활용할 것인지를 고민하기보다 기술을 배우는
과정 자체에만 집중하는 경우가 많기 때문이다.

나는 이 책을 정원에 관심 있는 모든 정원사에게 현장에 나가기
전에 꼭 한번 읽어 보라고 추천하고 싶다. 정원을 디자인할
때부터 '오가닉'한 방식으로 접근한다면, 자연스럽게 정원 관리
역시 '오가닉'한 방법을 고민하게 될 것이다. 그렇게 되면 정원에

벌레가 생겼다고 해서 바로 손쉽게 농약을 사용하려는 유혹을 떨칠 수 있다. 정원을 그저 아름다운 꽃이 만발한 공간으로만 인식하지 않고, 도심 속 작은 생태계를 만들어 많은 생명의 서식지가 되게 한다면, 그 자체가 미래 세대에게 건강한 지구를 물려주는 실천적 활동이 될 것이다.

'치유'라는 키워드는 여전히 주목받고 있다. 정원은 그 자체로 훌륭한 치유의 공간이다. 정원에서 느끼는 행복감과 위로는 마음의 상처를 달래 준다. 이러한 치유의 공간이 화학적으로도 안전하게 관리되어야 하는 것은 당연하다. 오가닉 가든의 필요성은 앞으로 더욱 커질 것이다.

이제 우리는 정원을 대할 때도 시대적 책임감을 가져야 한다. 한 명이라도 더 많은 사람이 오가닉 가든의 개념을 이해하고, 이를 통해 정원과 각자의 삶의 방식이 변화되기를 희망한다. 단순히 정원문화의 변화를 넘어, 우리가 살아가는 방식 전반에 대한 성찰과 변화가 시작되기를 바란다.

번역자 김현정
푸르네정원문화센터장

목수책방의 정원 도서

생명의 정원
세계 최고의 정원디자이너
메리 레이놀즈가 알려 주는
야생 정원 만들기의 모든 것
| 메리 레이놀즈 지음
| 김민주·김우인·박아영 옮김

땅을 건강하게 회복시켜 땅과 인간이
다시 연결되어 협력하며 생명의
'숲정원'을 만드는 방법을 알려 주는
책이다. 정원을 가꾸는 일이 자연과
친밀한 관계를 맺는 일임을 강조하며,
우리의 삶과 땅을 깨우는 '새로운'
정원디자인의 세계로 이끌어 준다.

정원 잡초와 사귀는 법
오가닉 가든 핸드북
| 히키치가든서비스 지음
| 양지연 옮김

해롭고 성가신 존재로 취급받는 '잡초'를
생태계를 위한 중요한 동료로 바라보게
해 주는 책이다. 무엇보다 흙과 생물이
맺는 유기적 관계를 염두에 두고 '잡초'를
새롭게 바라볼 수 있도록 해 준다.

베케, 일곱 계절을 품은 아홉 정원
| 김봉찬·고설·신준호 지음

우리나라의 대표적인 생태·자연주의
정원으로 손꼽히는 제주 '베케'의
일곱 계절과 아홉 정원 이야기를 담은
책. 사람과 자연이 서로를 품어 주며
하나가 되는 공간을 꿈꾸는 베케정원은
우리에게 다시 정원의 의미와 존재
가치를 묻는다.

서울 골목길 비밀정원 개정판
동네 동산바치들이 만든
소박한 정원 이야기
| 김인수 지음

오직 자연과 식물을 사랑하는 마음으로
자발적으로 만들어지고 유지되는 동네
동산바치들의 소박하고 우아한 정원이
이 책의 주인공이다. 오랜 세월 이어지는
소시민들의 생활밀착형 정원이야말로
서울을 숨 쉬게 하는 아름답고 오래된
미래의 정원이다.

정원도시 부여의 마을 동산바치 이야기

| 김인수·김혜경 지음

정원도시 부여에서 만난 동네 동산바치들의 소박하고 아름다운 정원 이야기를 담은 책. 개인의 식물 가꾸기가 어떻게 마을 공동체에 영향을 주는지도 보여 주며, 부여가 자랑하는 소중한 생태·문화자산 정보도 소개한다.

자연정원을 위한 꿈의 식물

| 피트 아우돌프·헹크 헤릿선 지음
| 오세훈·이대길·최경희 옮김

'새로운 여러해살이풀 심기 운동'을 일으킨 두 명의 선구적인 정원 디자이너가 함께 쓴 여러해살이풀 안내서다. 여러해살이풀들을 이용해 생명력 넘치는 아름다운 '자연정원'을 만들려는 이들에게 영감과 도움을 주는 책이다.

식재디자인

새로운 정원을 꿈꾸며

| 피트 아우돌프·노엘 킹스버리 지음
| 오세훈 옮김

현대 정원·조경 분야에서 주목받고 있는 '자연형 식재'의 모든 것이 담긴 책. 특히 여러해살이풀 중심 식재와 정원 만들기의 장점과 가치를 알린 세계적인 정원디자이너 피트 아우돌프의 식재디자인 방법을 집중 조명한다.

후멜로

피트 아우돌프의 삶과 정원

| 피트 아우돌프·노엘 킹스버리 지음
| 최경희·오세훈 옮김

네덜란드 시골 마을 후멜로에서 시작하여 세계적인 식물·정원전문가로 성장한 피트 아우돌프가 지나온 삶의 여정을 살피며, 그가 선구적 역할을 한 여러해살이풀 중심의 자연주의 식재 트렌드가 어떻게 변화해 왔는지도 살핀다.

찍박골정원

신나는 실패가 키운 나의 정원 이야기

| 김경희 지음

인제 찍박골정원을 만들고 가꾸는 정원사가 식물과 정원에 '진심'인 사람들에게 전하는 '발로 배운 가드닝'에 관한 기록이다. 10년에 걸쳐 아홉 개의 정원 조성하며 겪었던 '소중한 실패'와 그 실패로부터 배운 가드닝 지식이 담겨 있다.

아름답고 생태적인 정원을 위한
자연주의 식재디자인
| 나이절 더닛 지음
| 박소현·박효근·주이슬·진민령 옮김

생태적이면서도 사람들의 마음을 움직이는 아름다운 정원, 최소한의 자원을 투입해 최고의 효과를 거두는 지속 가능한 식재가 어떻게 가능한지 풍부한 사례와 함께 그 방법을 소개하는 '자연주의 식재디자인' 안내서다.

구근식물 식재디자인
| 자클린 판데어클루트 지음
| 최경희 옮김

한 해 동안 자라는 구근식물에 관한 정보를 개화 순으로 소개하는 이 책은 구근식물의 종류, 식재 방법, 유용한 도구, 색상별 조합 등은 물론이고 다양한 식물과 어울리는 계절별 식재 조합도 알려 준다.

살바토레정원에 꽃이 피었습니다
대관령 정원사의 전원생활 예찬
| 윤민혁 지음

꽃과 책, 음악과 걷기, 바람과 눈의 마을 대관령을 사랑한 어느 산책자의 기록이자 매일 행복한 고통을 즐기는 정원사의 이야기를 담았다. 자연과 벗하며 정성스럽게 가꾸어 온 작은 정원에 관한 이야기는 특히 가드닝에 관심이 있는 사람들에게 큰 도움이 될 것이다.

숲새울의 정원식물 243
| 최가영·신재열 지음

20여 년 자연에게 배우며 정원을 가꾸어 온 엄마 정원사와 '정원수저' 딸 정원사가 정리한 숲새울정원의 월별 주요 식물 정보와 정원 가꾸기 노하우가 담겨 있다. 어떤 식물을 심을까 고민하는 정원사들에게 도움이 되는 친절한 정원식물 안내서다.

정원의 순간
조구연의 정원에서 내일을 묻다
| 이동협 지음

40여 년간 정원을 가꾸어 오고 있는 공주의 소문난 생육 전문가 조구연의 정원 이야기를 통해 순수와 진정성을 잃지 않은 개인정원은 어떻게 지속 가능한지를 탐색하는 책이다. 부담 없이 즐기고 지켜 나가야 하는 내 곁의 가장 가까운 정원에 관한 현실적인 이야기가 담겨 있다.

지구를 돌보는 정원사들을 위한
오가닉 가든 만들기 안내서

지은이　히키치 가든 서비스(히치키 도시·히치키 요시하루)
옮긴이　김현정

1판 1쇄 펴낸날　2025년 3월 31일

펴낸이　전은정
펴낸곳　목수책방

출판신고　제25100-2013-000021호
대표전화　070.8151.4255　　　　블로그　post.naver.com/moonlittree
팩시밀리　0303.3440.7377　　　　페이스북 인스타그램　@moksubooks
이메일　moonlittree@naver.com　　스마트스토어　smartstore.naver.com/moksubooks

디자인　studio fttg
일러스트　하세가와 다카코
제작　야진북스

ISBN　979-11-88806-61-4 (03520)
가격　20,000원

Organic Uekiya no Niwa Zukuri : Kurashi ga Hirogaru Garden Design
Copyright ⓒ2023 Hikichi Garden Service, Hikichi Toshi + Hikichi Yoshiharu
Allrights reserved.
Original Japanese edition published by Tsukiji Shokan Publishing Co., Ltd.
This Korean Language edition is published by arrangement with Tsukiji Shokan
Publishing Co., Ltd. through FORTUNA Co., Ltd., Tokyo and AMO Agency, Korea

이 책의 한국어판 저작권은 AMO에이전시, FORTUNA에이전시를 통해
저작권자와 독점 계약한 목수책방에 있습니다. 저작권법에 의해 한국 내에서
보호를 받는 저작물이므로 무단 전재와 무단 복제를 금합니다.